# 한국대표서정산문선 2

2020

한국대표서정산문선2 2020

초판 1쇄 인쇄일 | 2019년 12월 24일
초판 1쇄 발행일 | 2019년 12월 31일

저 자 | 박서영 외 8인 공저
펴 낸 이 | 차영미

편 집 | 디자인그룹 여우비
펴 낸 곳 | 도서출판 서정문학

주 소 | 서울시 성안로31다길 8, 101호
전 화 | 02-720-3266 FAX | 02-6442-7202
홈페이지 | http://cafe.daum.net/seojungmunhak.com
이 메 일 | sjmh11@hanmail.net
등 록 | 2008. 3. 10 제324-2014-000060호

ISBN 978-89-94807-85-0 04810
978-89-94807-75-1(세트)
정가 10,000원



이 도서의 국립중앙도서관 출판예정도서목록(CIP)은 서지정보유통지원시스템 홈페이지(http://seoji.nl.go.kr)와 국가자료종합목록 구축시스템(http://kolis-net.nl.go.kr)에서 이용하실 수 있습니다. (CIP제어번호 : CIP2019052950)

# 한국대표서정산문선 2

2020

박서영 외 8인 공저

박서영
소재수
안영호
안옥희
유제범
윤송석
이상길
장진원
홍만희

서정문학

# CONTENTS

## 한국대표초대소설선


박서영 012 거미집


## 한국대표서정수필선(가나다순)


소재수 072 "선생님들 다 어디 가셨나요?"
076 먹방시대 가고 쿡방시대 오다

안영호 082 갈대는내 삶의 멘토
088 털머위 사랑

안옥희 092 손
096 손난로

유제범 102 병원
106 사발시계 하나 사 드릴 걸

윤송석 110 모순
115 목포역 앞 식당의 아가씨

홍만희 122 정신의 흰밥
125 홍천 가리방산 가는 길

## 한국대표서정소설선(가나다순)

이상길 132 야옹과 야옹 사이

장진원 152 살얼음

# 한국대표초대소설선

박서영

## 0. 거미집

# 박 서 영


· 2004년 문단 등단 · 동서문학 소설 문학상
· 한국근로자예술제 소설문학상
· 미래에셋생명 소설문학상 · 스토리문학 소설문학상
· 소설미학 회원 · 한근협 회원
소설집 : 『욕망의 혀』

# 거미집

토막잠 속에서 내용이 불분명한 꿈을 꾸었다. 움직일 수 없이 온몸은 포박되어 있었고, 앞서 가는 누군가를 따라서 걸었다. 그곳은 매우 어두웠고 아주 좁은 동굴이었다. 낮은 천장에서는 날짐승이 푸드득거렸다. 빙벽에는 붉은 종유석이 주렁주렁 매달려 있었고, 그것이 부러지는 소리가 간간히 들렸다. 난간 밑에는 정체를 알 수 없는 검붉은 핏물이 고여 웅덩이를 이루고 있었다. 어느 사이 앞서 가던 사람이 보이지 않았다. 들어왔던 출구도 없었다. 나는 소리쳤다. '살려주세요.'

꿈이라서 다행이다. 안도감이 들었다. 경험에 의하면 흉몽은 짧은 것이 낫다. 길면 길수록 처음에는 그렇지 않다가도 길면 악몽으로 돌변했다. 나는 요즘 눈만 감으면 쫓기는 꿈을 꾸었다. 그럴 때마다 큰 바윗덩어리에 눌려 압사할 것 같이 괴로웠다. 흉몽을 꾸다가 깨고 또 비몽사몽 간에 다시 잠들었고, 잠이 들면 또다시 괴한에게 쫓겼다. 어떤 때는 수많은 군중들이 지켜보는 가운데 재판을 받고 있었고, 많은 군중들은 일제히 나에게 돌을 던졌다. 그렇게 재판대 위에 서 있는 내 모습을 내가 구경하는 고통스러운 꿈을 꾸는 것이다.

어딘가 모르게 긴장을 요구하는 사내들이 내 집 앞뜰에서 서성거렸다. 사내는 희끗한 상의에 회색 바바리 차림이었고 또 한 사내는 검은색 가죽 잠바에 거칠어 보이는 인상이었다. 차림새만 보아도 심상치 않은 분위기가 느껴지는 두 사내는, 어머니와 무슨 말인가 주고받고 있었다.

두 사내의 거동은 주변을 긴장으로 이끌었다. 사내의 옷자락이 바람에 흩날리고 있었다. 바바리를 입은 사내가 힘껏 빨아들인 담배 연기를 후우하고 내불었다. 가죽 잠바차림의 사내가 바바리 입은 사내에게 무슨 말인가 귀엣말로 속닥거렸다. 귀를 빌려줬던 사내가 알았다는 듯 목을 쭉 빼고 주변을 살펴보았다. 앞마당으로 들어서는 나를 보자 사내는 먹이를 발견한 승냥이처럼 눈알에 광채를 내었다. 나는 섬뜩한 기운이 느껴졌다. 어머니는 나를 발견하자 황급히 달려나왔다. 두 사내도 어머니 그림자를 밟으며 걸어 나왔다. 마당에는 푸른빛이 감도는 달빛이 파도의 형상으로 출렁거렸다. 나는 그들에게 간단한 목례를 하고 저벅거리고 안으로 향했다.

"오, 양순 씨. 이제 오시요?"

바바리가 앞을 막아서며 내게 아는 체를 했다. 나는 흘긋 보고 돌아서서 어머니를 향했다.

"저 사람들 또 왔네?"

"조사할 것이 더 있어 왔다는구나."

나는 외출복을 벗어 옷장에 걸고 평상복으로 갈아입으며 짜증스런 어투로 퉁퉁거렸다. 저들의 출현은 오늘뿐이 아니었다. 사건이 마무리 된 다음에도 뻔질나게 드나들었다. 그동안 수차례 찾아와서 조사를 한답시고 집안을 발칵 뒤집어 놓았다. 나는 온 신경이 밖의 저들에게 모아지고 바늘 끝처럼 예민해졌다. 죄 없어도 사람을 위축되게 만드는 형사들, 무조건 사람을 죄인으로 보는 태도 퉁명스런 언동, 언제나 사람을 위축시키는 저들이었다. 어느 해인가 오빠가 매를 맞고 들어온 날, 나는 경찰서를 방문했다. 그때 알았다. 저들이 얼마나 오만한가를, 저들의 오만한 말투에 분개하고 일도 제대로 못 보고 되돌아나왔던 기억이 아직도 생생했다. 이쪽이 피해자라는 것을 확인하고도 반말지거리를 해대며 죄인 취급을 했었다. 나는 그렇게 당했던 일이 아직도 뇌리에 남아 있다.

"다 끝나지 않았어요?"

"글쎄다. 조사할 것이 남았다고 하는구나!"

"온 집안을 홀딱 뒤집어 샅샅이 조사해 가고도 뭘 또 조사할 것이 남아 있대요?"

그동안 여러 차례 저들에게 불쾌한 일을 당했던 나는 마음속에 잠재해 있던 불편한 마음을 드러냈다.

"이봐요. 양순 씨, 어서 갑시다."

"내가 왜 가죠?"

"몇 마디 물어보고, 집까지 데려다 준대. 얼른 갔다 오너라."

"난 안 가, 오빠를 보내요!"

"오빠 서울 갔다."

"언제 또?"

어머니는 세상 돌아가는 것은 모르고 일만 아는 또순이는 아니었다. 자신이 궁지에 몰리면 둘러대는 기교 하나는 놀라울 만큼 남달랐다. 그렇게 융통성 있는 여자라는 것을 잘 알기 때문에 나는 불만이 가득한 눈으로 버럭 화를 냈다. 본심이 빤히 들여다보이는 어머니가 미웠다. 하지만 상대방이 눈치챘다는 것을 모르는 어머니가 더 미웠다.

"빨리 갑시다."

내 입장만 고집하고 버티기는 어려운 상황이었다. 완강하게 거부하자 어머니는 내 손을 잡고 타일렀다. 단 한 번도 내 손이 어머니 손에 잡혀본 일이 없었고 어머니가 내 손을 잡아본 일도 없었다. 내 손에 닿은 어머니 손은 까칠하고 뻣뻣했다. 어머니 손은 마치 나무껍질같이 서걱거렸다. 억새풀 같은 어머니 손이 아니었더라면 더 오랫동안 버텼을 것이다. 하지만 나는 따라가겠다는 의사를 내 비치고도 마음이 흔들렸다. 목구멍을 통과한 음식물을 토해내듯 가겠다는 말을 번복하고 싶었다. 아이들처럼 두 다리를 뻗고 앉아 생떼라도 쓰고 싶었다. 그러나 생각과는 달리 톱니바퀴에 끼인 이물질처럼 내 몸은 지프 차량 안으로 빨려 들어갔다.

마음의 포승줄에 묶인 나는 두려웠다. 차량 구석으로 짐짝처럼 내던져지고 나니 막다른 골목에 다다른 것 같았다. 시간이 갈수록 마음도 몸도 돌덩이처럼 굳어가는 시체 같았다. 온몸의 혈액은 거꾸로 역류했고 벼랑 아래로 떨어지다 다시 솟는 폭포처럼 온 전신에 자맥질을 쳤다. 이 모든 것이 두려움에서 발생되는 병증이란 생각이 들었던 것은 그 이후였다. 정신을 차려야지 하고 심신을 가다듬고 마음을 곧추세웠다. 차돌처럼 마음을 단단하게 다져먹었다. 두려움을 억누르기 위해 미친 여자처럼 중얼거리며 주문을 외웠다. 최면이라도 걸지 않으면 견디기 어려웠다. '아무 일도 없을 거야.' 나는 귀신 물리칠 부적을 품은 광신자처럼 지성으로 신령을 섬기는 무녀처럼 연방 웅얼거렸다.

"어제 풀어준 살인 용의자 말일세. 그 자는 진범인이 아니야, 두고 보라지, 내 말이 틀렸나. 진범을 잡기 위해 그 자를 내보냈더니 자식들 난리법석이야, 대갈통에 먹물만 들었지 현장 경험 없는 것들이 뭘 안다고, 심증만 가지고 되는 게 아니야, 증거가 있어야지, 무조건 잡아다 족치고 고문이나 하라니, 벽창호들, 지들이 현장에서 뛰어봤어, 대갈통 먹물 좀 담갔다고 거들먹거리기는."

"맞아. 샌님들, 탁상머리 수사나 알았지 뭘 안다고, 목숨 걸고 범인 잡아놓으면 공적은 지들이 가로채는 놈들이, 밤중에 물에서 건져놓은 여자 시체 지키라면 기겁을 하고 줄행랑을 칠 놈들이, 30년 짬밥은 거저먹은 줄 아는지 원."

"그러게나. 말이야! "

저들의 대화 속에 내재된 으스스한 은어들, 내 존재는 까맣게 잊어버리고 그들은 누구에겐가 불만을 터트렸다. 그들의 거친 어투는 조금 진정되었던 내 가슴을 다시 요동치게 했다. 소름이 돋고 등골이 오싹했다. 저들이 하는 일은 끔찍하다. 저들의 대화 속에 숨겨진 험한 은어들이 해일처럼 일어나 파도처럼 출렁거렸다. 곧 해안을 휩쓸 쓰나미 전조증만 같았다. 나의 불안 심리는 거센 파도 같았다. 차창 밖에는 달걀 노른자위 같은 보름달이 검푸른 하늘에 두둥실 떠 있었다. 동강에는 달의 조각들이 산산이 부서져 반짝이고 있었다.

"야, 야, 일어나!"

눈을 떠보니 거대한 회색 건물이 우뚝 서 있다. 팽팽한 긴장도 시간의 경과에 따라 느슨해질 수 있는 모양이었다. 긴장의 끈이 풀어지며 피로가 몰려 왔다. 나를 앞세우고 들어가는 형사들을 향해

정문의 로봇 경관이 거수경례를 올려붙인다. 일어나라는 소리에 나는 벌떡 일어났고 나가자는 소리에 짐짝처럼 황급히 밖으로 나왔다. 나는 되도록 그들의 명령에 복종했다. 나는 마치 태엽에 의해 움직이는 인형 같았다.

미관에 고뇌의 주름살이 깊이 패인 형사 앞에 앉았다. 깡마른 체구에 싸늘한 기운을 내포한 남자였다. 굳게 다문 한일자 입술과 주름투성이 이마는 절간 앞에 있는 돌상이 그려졌다. 저들은 형사 이미지가 아니라 범죄인의 인상 같았다. 나는 도마 위에 올라온 산 낙지처럼 바들바들 떨렸다. 언제 내리칠지 모르는 시퍼런 사시미 칼을 올려다보는 물고기 신세였다. 자판에 글자를 치는 형사의 손등에는 동맥이 도드라져 검붉은 지렁이가 꿈틀대는 것 같았다. 형사는 날카로운 어투로 질문을 던졌다.

“사망자가 죽던 그 시간 양순 씨는 무엇을 했지?”

질문이 낙엽처럼 우수수 쏟아졌다. 형사는 나의 호흡이 가쁘도록 숨통을 죄었다. 어딘가 깊은 수렁으로 빠져 들어가는 것 같았다. 같은 질문과 같은 대답이 수차례 오고 가고 형사는 점점 거친 어투로 나가더니 협박성 질문으로 변모해갔다. 고장 난 녹음기를 계속 돌리는 것 같았다. 어떤 진술을 원하는 것인지 종잡을 수 없었다. 나도 모르게 눈물이 주룩주룩 흘렀지만, 그들에게 죄인의 눈물 따위는 아무 가치가 없었다.

“빨리 끝내고 잠이라도 자 두는 것이 낫지 않냐?”

“할 말 없어요. 아는 것은 모두 다 말했어요.”

“진실을 말해야지. 거짓말 말고. 진실,”

"그게 다예요.”

"목매단 남자 사체를 여자 혼자 무슨 기운으로 운반까지 하냐? 니 엄마 천하장사냐? 나무 위에 있는 성인 남자 사체를 끌어내렸다고? 이건 불가능한 일이야. 사망자는 자살이 아니라 타살이야, 목이 졸렸고 둔기로 머리를 맞고 사망했어, 다시 말해 사망자는 살해당한 거라고!"

형사는 혼자 북 치고 장구 치고 놀고 있었다.

"너네 가족이라는 사람이 제보를 해왔어, 네가 범인이라고, 우리는 신고를 받고 널 연행해 왔을 뿐이야, 이제 알겠어, 이제 진술서나 쓰라고 다 끝났으니!"

"제가 죽이지 않았어요. 아니에요. 울 엄마 불러 주세요!"

"이게 증거다! "

코앞에 들이댄 10여 장의 사진, 시체 목덜미에는 검푸른 멍 자국이 선명했다. 사진 속의 사망자가 아버지라고 믿고 싶지가 않았다. 거짓 자백을 받아내려는 음모라고 생각했다. 전혀 모르는 사람 사체를 내 눈앞에 들이대고 협박하는 거라고 소리치고 싶었다. 분명히 내 아버지 얼굴이었다. 돌아가는 정황으로 봐서 이제 꼼짝없이 나를 진범으로 몰아가려는 것 같았다. 나는 아버지를 죽인 존속 살인자라는 압박 벨트에 꽁꽁 묶여 있었다. 저들은 나를 회유했다. 바른대로 실토하면 무거운 형은 면한다고. 어린 나이라 앞날을 생각해 최대한 선처해 주겠다고, 모든 일은 주도면밀하게 꾸며진 것 같았다.

"서로가 기운 빠지는 일이다. 우리 빨리 끝내자."

"아니라고 하는데 왜 나를 범인으로 모는 거예요. 엄마를 불러 달라고요."

나는 반 정신이 나가서 어머니를 불러 달라고 울부짖었다. 그러나 내 목소리는 계란으로 바위 치기에 불과했다. 진범은 이 광경을 지켜보며 낄낄거리고 웃는 것만 같았다. 3일째 되던 날부터 나는 온 육신에서 기력이 빠져나가고 케케묵은 잠이 쏟아졌다. 집으로 돌아가겠다던 희망은 전시에 폭탄 맞은 가옥처럼 완전히 전소됐다. 사흘 밤낮을 꼬박 새운 올빼미 고문이었다. 힘이 빠지기를 기다렸던 형사는 드디어 내게 올가미를 씌웠다. 잠의 늪에 빠진 나는 공황 상태였다. 형사는 내 손을 끌어다가 자백서에 손도장을 찍었다.

*

'이 사실을 모르는 엄마는 얼마나 나를 기다렸을까. 그런데 엄마는 어째서 3일이 지나도 나를 찾아오지 못하는 것일까.' 어머니는 끝내 오지 않았다. 다음날도 그 다음날도 나타나지 않았다. 이제 여기서 벗어날 길은 없었다. 패륜아라는 죄인의 굴레를 뒤집어쓰고 무덤 속으로 들어갈 일만 남은 것이다. 딸의 생사가 어찌되었는지 알아보지 않는 어머니가 괘씸했다. 이보다 비정할 수는 없었다. 덩굴처럼 뭉친 분노를 표출하지 못하고 삼키자니 오장육부가 문드러질 것 같은 통증이 왔다. '혹시 병태가 아닐까. 엄마는 평소 아들만 끼고 돌았잖은가. 병태가 아버지를 죽였을 가능성도 배제하지 못한다. 아들이 애비를 죽였다는 사실을 은폐하기 위해 눈에 가시 같은 나를 살인자로 지목해서 신고하고 아들은 뒤로 빼돌려 도주시켰을 것이다. 실수든 고의든 술 취한 아버지를 죽게 만든 아들을 구하려고 어머니는 잔꾀를 썼을 것이다. 평소에는 다른 어머니들처럼 자식만 아는 억척같은 어머니다. 그러나 폭풍이 몰아치고 해일이 일어나면 상황이 달라지던 어머니였다. 어머니는 고요한 삶에서도 폭우를 만나면 태풍이기를 마다하지 않았다.

그런 어머니 앞에 떨어진 청천 날벼락이라니, 어떤 방법이든 다 했을 것이다. 머리 회전 하나는 누구도 따라오지 못했으니까. 병태 짓임이 틀림없다. 이건 분명한 사실이지만 뒤집을 만한 증거는 없었다. 가족들 앞에서는 당당한 듯 허세를 부리지만 문밖을 나서면 누구보다 비굴했던 병태. 계획적으로 일을 꾸밀 위인은 못 되었다. 병태는 어찌어찌 하다가 아버지를 밀쳤는데 아버지가 죽었다. 이젠 나도 죽었구나, 싶었을 것이다. 울고불고하는 아들의 모습을 지켜보던 어머니는 어떻게 하든지 살려야 했다. 두 사람은 머리를 굴리던 끝에 나를 대타로 신고하고 병태를 도주시켰다. 어머니는 형사들을 불러 나를 잡아가도록 손을 쓴 것이다.

내 몸에서 애벌레가 꿈틀거렸다. 모든 것이 꿈이었으면 싶었다. 귓가에 누군가의 말소리가 들렸다. 일어나라, 일어나라. 누군지 알 수는 없지만 내 가슴에 불을 지피기는 충분했다. 그때 내 가슴에는 불꽃 같은 분노가 하늘을 덮었다. 내 몸속에는 이미 맹독이 자라고 있었다. 독버섯 같은 맹독이 전신으로 옮겨붙을 조짐을 보였다. 나는 창살에 매달려 철문을 열어 달라고 목이 터지도록 울부짖었다. 불덩이를 넘긴 맹수처럼 날뛰기를 반복했다. 이 담장을 뛰어넘을 수 있었을까. 쇠톱으로 창틀을 자르면 나갈 수 있을까. 이 몸에 불을 사르면 연기가 되어 나갈 수 있을까. 잠시 체념했다가 불에 덴 듯 벌떡 일어나 악을 쓰다가 나는 매일같이 소란을 피웠다. 이 무덤 같은 지옥에서 구해 줄 사람은 아무도 없었다. 마음을 가다듬어 묵언스님 참선하듯 자신을 다스렸다. 이곳에서 나갈 수만 있다면 무슨 짓인들 못 할까. 딸자식을 죽음의 형틀에 매달아 놓았다. 그러고도 단 한 번도 나타나지 않았다. 무엇으로 어떻게 설명할 수 있을까.

나는 악악대며 소리치던 입술에 자물쇠를 채웠다. 진짜 벙어리가 된 듯 죽은 듯이 엎드렸다. 그러고 있으면서도 복잡한 상념은 끝없이 이어졌다. 남의 죄를 덮어쓰고 희생물이 되었다는 생각은 거꾸로 피가 쏟아졌다. 반드시 결백을 밝혀내기 위해선 여기를 나가야 했다. 외면상으로는 내가 안정을 되찾은 것 같아 보였을 것이다. 그렇게 보이도록 철저히 가장했다. 여기를 빠져나가는 데는 현명한 방법이었다. 교도소 측에서는 점차 나를 인정하는 것 같았다. 그동안 새벽부터 일어나 봉사라든가 허드렛일이라든가 죽기 살기로 해치웠다. 드디어 감시의 눈초리가 나에게서 벗어지고 모범수라 불렸다.

잠결에 여자 울음소리가 들렸다. 한밤에 여자 울음소리는 오싹한 한기를 느끼게 했다. 나는 뭔가에 이끌린 듯 몽롱한 상태에서 그 울음소리를 따라나갔다. 순간 곡소리는 거짓말처럼 멈춰버렸다. 밖에는 바람이 거세게 불었다. 머리 위에 창백한 달빛 교교히 떠 있었다. 여자의 곡소리가 다시 이어졌다. 울음소리는 아무래도 집안 어딘가에서 나오는 것 같았다. 울음소리에서는 애끓는 슬픔 같은 것은 느껴지지 않았다. 어쩐지 가식이 가미되었다는 느낌을 지울 수가 없었다. 나는 곡소리의 진원지를 따라 걸었다. 여자의 울음소리는 어머니 방에서 나오고 있었다. 잠시 머리를 갸웃거린 나는 숨을 죽이고 어머니 방문을 열었다. 삐거덕 소리에 놀랐는지 어머니가 고개를 돌렸다. 어머니는 울고 있었다. 쪽찐 머리를 풀어 헤쳐 산발을 하고 어머니는 음산한 곡소리를 냈다. 병태도 구부리고 앉아서 눈물을 찍어내고 있었다. 두 사람 행동에 영문을 알 수 없던 나는 신발을 벗고 들어가 어머니의 어깨를 흔들었다.

"엄마! 왜 그래요?"

"아버지께 절이나 해라."

"네에?"

나는 어머니와 병태가 울고 앉아 있는 맞은편을 바라보았다. 아랫목에 병풍이 날개를 펼치고 있었다. 붉은색이라 짐작되었으나 쥐 오줌 자국으로 형편없었고 낡고 떨어져서 누더기 같았다. 어머니는 더 이상 어떤 설명이 없었고 마른 곡만 계속 해댔다. 울음소리를 한층 더 높아졌다. 방안 분위기는 음산했다. 음산한 이 기류는 저 병풍에서 기인된다는 생각이 들었다. 화려한 병풍 뒤에 무서운 뭔가가 숨겨져 있다는 것을 나는 알고 있었다.

초등학교 1학년 때였다. 억수 같이 퍼붓는 장마였다. 큰집 새언니가 장대 같은 비가 쏟아지는데 우산도 없이 통곡을 하면서 우리 집 앞마당에 들어섰다.

"작은 아버님! 우리 아버님이 돌아가셨어요."

"뭐라고! 그게 무슨 말이냐?"

그날 아버지는 마늘밭에서 일을 하다가, 소나기가 쏟아지는 바람에 집에 들어와 막 옷을 벗던 중이었다. 아버지는 벗었던 비옷을 다시 주워 입고 빗속을 내달렸다. 새언니는 엉엉 울면서 그 뒤를 뛰어갔다.

그날, 천둥 번개가 찌렁찌렁 울렸다. 그 시간 큰아버지는 억수같이 퍼붓는 소나기를 피해 뜨락에 서 있었다. 그때 천둥 번개가 때렸고 큰아버지는 쿵하는 소리와 함께 바닥으로 떨어졌다. 그 순간 번갯불이 번쩍 하는 동시에 땅을 찢을 듯 엄청난 굉음이 일어났었다.

"형수님 이 전깃줄 때문이었어요. 전깃줄을 마주보게 두면 전류가 통하잖아요."

"그걸 내가 알았겠소, 삼촌!"

아버지는 누굴 나무라는 소리 같지는 않았다. 너무 허무한 나머지 허공에 대고 소리를 쳤다. 큰아버지는 잠든 듯 창백했다. 소나기가 대체로 그렇듯 언제 그랬냐는 듯 말끔히 그치고 캄캄한 밤이 되었다. 사촌 오빠는 벽장에서 병풍을 꺼내더니 큰아버지 시신에 둘렀다.

저 병풍 뒤에도 죽은 아버지가 있을 것이다. 가운데만 불쑥 튀어나온 부분은 분명히 배일 것이다. 그것을 짐작하고 상상하는 시간은 그리 길지 않았다. 나는 황급히 방안으로 뛰어들어 병풍을 제켰다. 창백하게 일그러진 얼굴에 입술 밖으로 튀어나온 벌건 혓바닥, 부릅뜬 허연 눈동자, 끔찍한 이 형상은 사람이 아니었다. 악마의 형상이었다.

"악 아버지가……."

아버지의 죽음을 확인하고도 나는 눈물이 나오지 않았다. 아버지의 흉한 몰골은 정나미가 뚝 떨어졌다.

병태도 동생들도 훌쩍였다. 나만 민망할 정도로 눈물이 나오지 않았다. 나는 방을 나왔다. 아버지의 흉측한 몰골이 섬뜩했다. 더 이상 그곳에 머물고 싶지 않았다. 어머니와 병태의 울음소리는 그치지 않았다. 새벽닭이 울어대는 소리가 들렸다. 그때도 두 사람의 울음소리는 그치지 않았다. 동네사람들이 하나둘씩 모여들었다. 그때서야 어머니 곡소리가 멈췄다. 사고 소식에 놀란 동네 사람들은 어머니를 위로하며 같이 우는 사람도 있었고 위로하는 사람도 있었다. 귀신의 형체처럼 흐물흐물 풀어지는 새벽 무렵이었다. 사망사고 신고를 받고 출동한 경찰들이 씨쓰리를 타고 몰려왔다. 경찰들은 시신의 옷을 칼끝으로 자르고 빈대떡을 뒤집듯 뒤적거리며 사진을 찍어댔다.

햇볕이 정수리에 쏟아졌다. 먹구름이 걷힌 맑은 하늘엔 밝은 빛이 가득했다. 자연의 섭리가 겨울을 밀어낸 것이다. 내가 숨을 쉬고 있다고는 하지만 산목숨이 아니었다. 식물인간이 산소 호흡기로 숨을 쉰다고 하여 살아있다고 볼 수 없듯이, 눈을 감고 있어도 잠을 잔 것이 아니듯이. 입에 밥을 떠 넣어도 먹은 것이 아니듯이 그런 상태에서도 나는 내 생각과는 다르게 하루가 물처럼 자연스럽게 흘러갔다. 남의 등짐을 대신 짊어지고 수많은 날들을 뜬눈으로 지새우고 이를 갈아온 날들이지만 그렇게 살아온 인생에도 세월이 흘러가면 옛일이 된다고 했다. 이제 무겁던 이 등짐을 벗어던질 날이 오고 있었다.

*

밤낮없이 동경했던 담장 밖으로 나왔다. 오랜만에 나온 세상은 변해 있었다. 이곳도 싸늘하기는 담장 안과 마찬가지였다. 오히려 마음은 더 깊은 곳에 이감되는 기분이었다, 한쪽으로는 자유를 느낀다면 다른 한쪽으로는 싸늘한 현실이 밀고 들어왔다. 도로에는 앙상한 나무들이 목석처럼 서 있다. 나는 가로수 밑에 또 하나의 초라한 가로수가 되어 서 있다. 그런 나를 기다리거나 반기는 그림자는 보이지 않았다. 나는 되도록 움직이지 않았다. 지금 나의 심정은 두려움과 설렘 두 개의 색깔에 얼버무려져 있다. 나는 정신을 다시 가다듬었다. 구차한 목숨 오늘까지 연명한 이유는 가슴에 서린 복수심 때문이었다.

차창 밖 풍경은 나하고는 상관없다는 듯 빠르게 스쳐갔다. 눈이라도 뿌릴 듯 찌푸린 날씨도 나와는 관계가 없었다. 내가 탄 열차가 태백역을 향해 빠르게 내달리고 있다. 열차는 동굴 속으로 빠르게 흡입되었다. 동굴 속으로 빨려든 열차는 이내 암흑 속에 잠기고, 잠시 후 숨을 토하듯 굉음을 내지르며 굴속에서 빠져나왔다. 주변에는 갑자기 돌개바람이 휘몰아쳤다. 열차를 점령했던 어둠이 밝음으로 교체되고 차창밖에는 눈꽃이 흩날리고 있었다.

열차 안에 가득했던 승객들도 줄어들어 내부는 한산했다. 시골 정감은 아직 조금이나마 남아 있는 것 같았다. 강원도 특유의 투박한 말씨 순박한 눈길 얼마만인가 이런 모습들이, 아낙들의 정겨운 수다도 포근했다. 아이들과 산으로 들로 뛰어다니던 유년의 들녘이 눈앞에 펼쳐졌다. 고향의 정겨움과 옛날 기억으로 나는 증오의 앙금 덩어리를 녹일 수 있을까. 순간 나는 소스라치듯 놀라 깨어났다. 죽어도 잊을 수 없는 뻔뻔한 얼굴들을 클로즈업시켰다. 주머니에 찔러 넣고 있던 손을 접어 돌처럼 단단하게 말아 쥐었다. 잠시 녹이려 했던 증오심을 다시 얼음덩이로 단단하게 냉각시켰다. 적개심을 키워 본연의 마음으로 돌려놓았다. 어머니와 병태, 이 두 사람 용서할 수 없었다. 어떤 식으로 복수하고 어떻게 한을 풀겠다는 계획 전이지만 그들에 대한 적개심은 시간이 경과할수록 하늘을 찔렀다.

"할매, 엄마한테 갈래!"

아이가 노인의 등짝에 기대어 칭얼거렸다. 아이의 옷은 애초 어떤 색깔이었는지 육안으론 구별되지 않았다. 가난한 생활에 찌들어 궁색함이 여실히 드러나는 이들은 탑승객들에겐 신기한 구경거리였다. 이들을 보기 위해 모인 눈동자가 여기저기서 빛을 발하고 있었다. 가난이란 숨기려 들면 더 드러난다고 했다. 한 승객이 녀석에게 사탕을 건네주었다. 새까만 손등을 드러낸 녀석은 재빠르게 잡아채서 입으로 가져갔다.

"그 죽일 년은 왜 찾아? 이 새끼야."

노인은 사내아이의 머리통을 야무지게 후려갈긴다. 졸지에 쥐어박힌 녀석은 울기는커녕 상습 매질에 만연되어 있는 듯 무표정한 얼굴을 하고 저만큼 물러났다. 나는 천 원짜리 한 장을 녀석 앞에 내밀었다. 녀석은 무섭게 달려들어 비호같이 잡아챘다. 매가 병아리 채 가듯 빠르고 기민한 행동이다. 녀석의 행동은 내게 어린 동생들을 떠오르게 했다. 시커먼 산동네를 오르내리며 고물을 주었고 봄이면 해빙으로 젖은 땅을 밟으면서 뛰어놀았다. 전쟁이 종결되고 이후 몇 년이 흘렀지만, 땅을 파거나 산을 오르면 전쟁의 잔

재들이 여기저기 널려 있었다. 불발탄이나 수류탄 파편들을 주어서 엿이나 강냉이를 바꿔 먹었다. 서너 집 빼놓고는 어느 집이고 먹을 것이 없던 시절이었다. 봄 햇살 아래 영양실조로 부어올라 볼록한 배를 드러내 놓고 서 있던 아이들, 새까맣게 탄 맨몸을 감추지도 못하고 멍하니 앉아 있던 아이들, 그때 흔한 그림이었다. 아이답지 못한 악동 같은 녀석의 행동은 승객들에게는 심심하던 차에 좋은 구경거리였다. 그러나 나로서는 저 녀석이 구경거리가 아니었다. 나는 형제 많고 궁색한 집에서 태어나 자랐다. 당장에 먹고 사는 문제가 고통이었던 어머니를 지켜보며 자랐다.

"그 애 엄마가 도망을 갔소?"

귀를 쫑긋 세우고 아까부터 이쪽으로 신경을 곤두세우던 나이 든 남자가 끼어들었다. 저 늙은이도 같은 처지라 이쪽에 관심이 있는지도 모른다는 생각이 들었다.

"그건 왜 물어 보우?"

"아니 뭐, 그냥 궁금해서 물어 본 기요."

"시퍼렇게 살아있는 서방을 놔두고 바람이 났소! 내 자식 피멍들게 한 년. 내 그년을 잡으면 어금니로 잘근잘근 씹어서 국물은 삼키고 건더기는 며칠 굶은 개를 던져 줄거구먼."

노인의 면상에는 검버섯이 시커멓게 덮여 있다. 입에서는 쉼 없이 욕설이 빠져나왔다. 노인이 뱉어낸 욕설을 요약하자면 이런 사연이었다. 공사판에 나가 일하던 며느리가 젊은 감독하고 눈이 맞았는데, 그 소문이 시어머니 귀에까지 들어왔지만, 설마 자식을 셋씩이나 두고 그랬겠나 싶어서 지나쳤다. 아들놈은 타고난 성품이 순둥이라 남들이 다 의심을 해도 저 혼자만 의심하지 않았다. 결국, 며느리는 그놈과 줄행랑을 치고 말았다. 노인은 욕설과 푸념에 열을 올렸다. 혀를 차고 맞장구를 치는 승객도 있었으나 나는 한 여자를 기억해 내고 쓰디쓴 웃음을 지었다. 노인의 며느리 사연과 내 기억 속에 떠오른 한 여자의 사연이 닮아 있었기 때문이었다.

그녀는 탄광촌 서너 마을을 통틀어 대조해도 비교 못 할 만큼 보기 드문 미인이었다. 모두가 새까만 피부 일색인 탄광촌 여자들 속에서 진흙 속에 피어난 한 송이 백장미처럼 그녀는 쉽게 눈에 뜨이는 새하얀 미인이었다. 달빛처럼 희고 고운 피부와 매력 넘치는 여성스러움. 그렇던 그녀의 미모는 여성으로선 최상의 무기였다. 사람들은 그녀와 닮은 나를 가리켜 쌍둥이 자매 같다고들 했지만 내가 그녀보다 미모가 떨어짐은 당연했다. 달맞이꽃 같은 그녀의 피부에 비해 나의 피부는 황인종의 유전인자에 충실한 누런색이었다. 단지 고모와 조카라는 혈연관계로 이목구비가 닮은 것이 남들에게 착각을 일으킬 뿐이다.

나의 관계는 조카 고모 사이었다. 그녀와 나는 외모는 닮아 있었지만, 그것은 겉의 모습이었지, 한참 떨어지는 그녀의 지능은 아니었다. 게다가 그녀의 바람기는 가문의 수치였다. 마을 사람들은 그녀에게 화냥년이라 불렀다. 사내 꼬드기는 데는 천부적인 소질이 있다고 욕을 하고 비난했다. 유부남 총각 할 것 없이 사내들은 그녀에게 껄떡대지 않는 남자가 없었다. 그녀는 남자들이 손을 내밀면 지체 없이 그 손을 잡았다. 스무 살이 되던 해는 말려도 듣지 않고 결국 동네의 총각 놈과 살림을 차렸다.

어쩌면 이 노인의 주장은 전부 거짓이고 진실이 아닐지도 모른다. 집에서 반 백수로 놀고 있는 아들 대신 며느리가 나가 돈벌이를 했을 수도 있다. 며느리가 도망친 건 무능력한 남편 때문일지도 모르는 것이다. 백수한테 매를 맞다가 살기 위해 피신하듯 나갔을지도 모른다. 언제나 진실은 물리적인 것에 의해 거짓 뒤에 묻혀 있고, 거짓이 진실로 둔갑하고 가면을 쓰고 진실 행세를 하지 않던가. 사람들은 필요에 의해서 거짓말을 진실로 믿어버리고 진실은 아무리 저항하고 소리치며 버둥거려도 들어주지 않고 믿으려 하지 않는다.

예미역에서 하차했다. 아주 작은 간이역이다. 이곳이 내가 태어난 고향은 아니다. 어쩌다가 이 골짜기까지 밀려와 살았는지 나는 알지 못했다. 어머니가 혼잣말처럼 웅얼거리길 왜 이런 시커먼 동네로 끌고 들어와 이 고생을 시키느냐고 원망하는 소리를 몇 번 들었을 뿐, 자세한 내막은 알 수 없었다. 2차선 가느다란 신작로 길을 걸었다. 그 옆으로 철길이 나 있었다. 유년시절 철길을 마구 걸어 다녔고 기차가 오면 못을 올려놓고 도망갔다가, 차가 지나가면 다시 달려와 확인하고 납작하게 된 못을 수거해서 스케이트 바닥을 만들곤 했다.

나는 다시 지난 향수에 젖어들었다. 시커먼 먼지로 마을이 뒤덮이고 흐르는 냇물도 먹물이었다. 산과 들 모두가 구분이 없었다. 온통 시커먼 색이었다. 지금은 그때 모습이 아니었다. 검은 동네의 흔적은 그날 밤 살인죄를 덮어쓰고 무덤으로 끌려갔던 나와 함께 사라지고 만 것일까. 줄지어 석탄을 실어 나르던 검은 화물차도,

눈만 빠끔 뚫려 있을 뿐 누가 누군지 분간할 수 없었던 그 많던 사람들도 전부 다 보이지 않았다. 검은색이 일색이던 그 모습들은 완전히 종적을 감춰버린 것일까. 나는 이 생각 저 생각을 떨치지 못하고 깊은 골짜기 길을 걸었다. 가로수가 있다고는 하나 시내같이 밝지는 않았다. 하기는 이 동네는 워낙에 골짜기라 낮에도 햇살은 잠깐이면 사라지고 곧 침침했다.

병태가 원래부터 비틀어진 성격은 아니다. 고등학교 들어가고부터 조금씩 변하기 시작했고 점차로 포악스럽게 변모했다. 처음 문제를 일으킨 시점은 친구들을 따라다니다가 남의 물건을 훔치고부터였다. 하지만 병태는 또래들이 시키는 대로 망을 보고 있었을 뿐이다. 또래들은 오토바이를 훔쳐 타고 달아났지만 병태는 그때까지도 멍청하게 망을 보고 있었다. 나이가 어려서 교도소는 면했지만 대신 소년원을 갔다. 그때부터 소년원을 제집처럼 들락거렸다. 어느 날은 돈을 내놓으라고 생떼를 부렸고 어머니는 그 밤중에 돈을 빌려 오지 않고는 집으로 들어오지 못했다. 도끼로 마루를 내리치는 일 같은 것은 흔히 있는 일이었다. 참다못한 아버지가 야단한번 치려다가 아들한테 호되게 당한 적도 있었다. 아버지에게서 직언을 듣고 있던 병태는 단 몇 분도 참지 못하고 벌떡 일어나 멱살을 흔들고 밀쳤다. 순식간에 아버지는 뒤로 밀렸고 꼬리뼈가 부러지는 부상을 입었다.

아버지가 타살이라면 병태가 한 짓임이 틀림없었다. 항상 술이 취해있던 아버지는 성격상으로도 병태가 하는 행동을 보고 있지 않았을 것이다. 그렇게 당한 아버지는 앞뒤 가리지 않고 아들한테 노발대발 모욕적인 언사가 튀어 나갔을 것이다. 지금까지 병태 소행으로 봐서 우발적 살인은 얼마든지 일어날 수 있는 것이다. 지서에서는 틀림없이 병태를 의심했을 것이다. 형사들이 나를 끌고가던 날 밤에도 집에 있어야 할 병태는 없었다. 갈 곳이라고는 뻔질나게 드나드는 동네 당구장이나 곰팡내 나는 뒷방구석이다. 반 백수의 신분으로 집구석 어딘가 쳐박혀 술에 떨어져 있던지. 담배나 꽈대며 곰이나 잡던 병태가 그날 따라 어딜 갔을까. 나는 이제야 모든 정황들이 선명해지는 것 같았다. 살인자를 자수시켜야 하지만 엄마는 그렇게 하지 않았다. 오히려 병태의 행위를 은닉하고 도주시킨 것이다. 찢어지게 가난한 살림임에도 불구하고 제 욕심만 차리는 얌통머리 까진 딸에게 누명을 씌워 멀찌감치 내쫓은 것이다.

한참을 올라왔다. 그때도 이렇게나 멀었나 싶어 나는 올라온 길을 한 번 더 돌아보았다. 깊은 산으로 둘러싸인 마을이 시야에 들어왔다. 나지막한 건물 몇 개가 더 들어서 있었지만, 그것마저 황량해 보였다. 방금 전까지도 붉은 노을이 나뭇가지에 걸려 있더니 언제 넘어갔는지 땅거미가 내렸다. 높은 산에서 내려온 검은 그림자는 온 동네를 어둠으로 물들였다. 밤이라 그런지 마을은 온통 음울해 보였다. 그러나 분명히 있어야 할 검은 탄가루는 보이지 않았다. 어쩌면 어둠이 모두 흡수해버렸는지 모르겠다는 생각이 들었다. 나는 옷깃을 여미었다. 싸늘한 기온이 뼛속으로 깊이 파고들었기 때문이다. 가로등은 일정한 간격을 두고 서 있다. 그것은 마치 바다를 지키는 등대 같았다. 한때 이곳은 에너지 천연자원의 본

거지로 국내 최고의 연료를 대량 생산했던 곳이었다. 그 명성에 걸맞게 주민들 모두는 호황을 누렸었다.

그러다가 새 기술로 산업이 발달하고 기름보일러와 도시가스 등이 잇따라 탄생하고 보급되는 바람에 더 이상은 석탄이 필요하지 않았다. 석탄이 필요 없게 되자 이 지역은 예전의 인구 밀도 지역이 아니었다. 탄광업소들은 갈수록 적자 경영난에 허덕였다. 더 이상 버티지 못한 탄광은 자진 해산했다. 그 이후 이곳은 자연히 폐광촌이 되었다. 일자리를 잃은 광부들은 갈 곳이 없었다. 광산이 무너지며 목숨을 잃는 사고가 빈번했던 이곳은 죽음을 각오하고 들어온 곳인 만큼 개인 신분은 캐묻지 않고 불문에 붙이고 무조건 받아들이는 곳이었다. 그런 관대함이 있었던 직장이라 경찰의 검거에 불응하고 쫓기던 시국사범들의 공공연한 은신처이기도 했다. 그들은 다시 일자리를 찾아 떠나갔다. 그것을 증명이라도 하듯 곳곳엔 빈집들이 흉가처럼 널브러져 있고, 매스컴은 폐광촌임을 전국으로 광고하는 실정이었다.

희미한 불빛이 문틈으로 새어 나왔다. 나는 앞마당을 가로질러 대청마루에 걸터앉았다. 마당은 어수선했고 집은 낡아 있었다. 허물어진 행랑채는 반쪽만 붙어 있었다. 아버지가 목을 매 자살했다는 대추나무도 앙상한 삭정이로 주저앉아 있었고. 낯익은 흔적은 여기저기 곳곳에 남아 있었지만 어쩐지 그때 우리 집 분위기는 아니었다.

"게 뉘기요?"

방문이 삐걱 열리더니 문틈으로 늙은 여자가 얼굴을 내밀었다.

"네에. 누굴 찾아왔는데요."

방안에 앉아서 밖을 내다보던 늙은 여자는 귀찮다는 듯 천천히 일어나 끙끙거리며 마루로 걸어나왔다. 안에서 쏟아내는 전등 불빛은 눈이 부시도록 강렬했다. 그 불빛이 밖으로 나오는 노인을 집어 삼킬 것만 같았다.

"먼저 살던 서 씨네를 찾는 기요. 그 사람들 이사 간 지가 언제라고 이제 와 찾소?"

"지금 이 집에 살지 않는단 말인가요?"

"보면 모르오? 내가 살지 않소?"

분명히 이 집은 우리 집이다. 어머니와 오빠 동생들이 있어야 할 곳인데 없다는 것이다. 모든 것은 10여 년이란 세월이 덮어놓았지만 나는 그들은 잊지 않고 그대로였다. 한순간도 잊어 본적이 없다.

"할머닌 이 집에서 언제부터 사셨어요."

"칠팔 년은 실히 되었소!"

'어디서 본 듯한 노인네다. 어디서 보았을까. 반사한 불빛에 자세히 훑어본 노인은 생소한 얼굴은 아니었다. 그랬다. 이 집으로 오다 보면 오밀조밀 조그만 논들이 있다. 그 건너편에 야산이 있고, 그 산을 오르기 직전 꽃상여 집 옆에 오두막이 하나 있다. 가만 보니 그 집에 살던 무당이었다. 나는 무당을 알아 보았지만, 무당은 나를 알아보지 못했다. 많이 늙어 있었다. 무녀는 말하면서도 조미료를 치듯 캑캑대고 기침까지 해댔다.

젊었을 때 무녀는 쥐를 잡아먹은 듯 빨간 입술이었다. 빨간 입술의 젊은 무녀는 간데없고 처질대로 처진 목덜미의 살가죽을 늘어

트린 무녀가 있을 뿐이었다. 당장에라도 저승에서 부를 것 같은 늙은 무녀에게 동정심이 들었다. 나를 알아보면 어쩌나. 염려도 했었지만 내 얼굴을 똑바로 쳐다보고도 알아보지는 못했다. 나는 무녀의 태도에 여유가 생기고 안도감이 들었다. 마른행주처럼 얼굴은 쪼글쪼글 늙었어도 무녀가 섬기는 장군 귀신은 무녀를 놓아주지 않는 모양이다.

열린 문틈으로 방안을 살펴보니 총천연색의 장군 귀신이 시퍼렇게 날 선 창칼을 들고 밖을 째려보는 것이다. 그게 그림이겠거니 하고 생각은 했지만, 촛불 뒤에서 너울대는 장군 귀신은 무서웠다. 젊은 시절 무녀와 지금의 늙은 무녀는 같은 한 사람이었다. 세월은 한 사람을 둘로 만들어 놓았다. 신주단자처럼 모시는 장군 귀신도 흐르는 세월을 붙잡아주지 못하는 모양이다. 사실 이 집에 우리 가족들이 지금까지도 살고 있을 거라고는 기대하진 않았다.

"여기 살던 사람들은 어디로 갔어요?"

"여길 떠났소!"

"이 동네를 아주 떠났단 말인가요? 그럼 애들은요?"

"큰 딸년이 제 애비를 죽이고 교도소에 붙잡혀 들어갔다오, 그 후, 굶고 있는 애들이 보기 딱해서 남한테 줘버리라고 했지만, 그 아낙네가 애들 건사도 못하면서 고집을 부렸소. 서방 복 없는 년 자식 복도 없다고 그 와중에 아들놈이 어미 속을 어떻게나 뒤집어 놓던지, 그놈도 제 아비 빰치게 몹쓸 놈이었다오."

오빠라는 작자가 무녀의 언급으로 내 기억에 돌아오자 눌려있던 신경 세포가 일제히 촉각을 세웠다.

"처음에 제 어미가 탄광에 취직을 시켰소, 그러면 뭘 혀, 금세 튀어나와서 싸움질이나 하고 돈 내놓으라고 지랄이나 떠는 걸, 그것도 모자라서 제 고모 집에 내려가 행패를 부리다 쥐어 터지고, 늘 그랬다오, 그래 속을 썩이니 제 에미가 실성을 했제, 시방은 어떻게 되었는지 나도 모르오!"

무녀들이란 귀신의 영험을 빌렸다는 핑계로 아무에게나 반말을 해댄다. 하기는 이 늙은 무녀에게서는 욕이나 듣지 않으면 다행이다, 그래도 반말 정도는 예의를 차리는 인텔리 무녀 편에 속했다, 무녀는 신기하게도 우리 집 사연을 명주실처럼 계속 뽑아냈다. 귀신의 영험을 내려받은 무녀라 그럴까? 꼭꼭 숨겨진 우리 집 사연을 너무도 자세히 알고 있었다. 나는 무녀의 입에서 나오는 독설이 모두 다 귀신의 조화라고 생각했다.

이 늙은 무녀가 젊었을 때도 지금처럼 오지랖이 넓었다. 온 동네 대소사는 다 꿰차고 있었고, 제 일은 제쳐놓고 온 동네 사소한 일까지 참견하기를 무불통지의 전과를 올리던 무녀였다, 그때도 오지랖이 넓던 무녀가 그 엄청난 사건을 모를 리가 없었다.

"실성을 하다니요? 누가요?"

"그렇소, 서 씨 마누라가 미친 것은 아들 때문만이 아니라오, 서방도 천하가 다 아는 몹쓸 노름꾼이었제, 식구들이야 굶든지 말든지 처자식 생각 안 하는 몹쓸 작자였소, 그 여편네 복이라고는 먹고 죽으려고 비상으로 쓰려 해도 없었구먼. 하기는 내 팔자나 그 여편네 팔자나 거기서 거기지만도, 그래도 나는 속 썩이는 씨알머리들은 없으니 차라리 내 팔자가 낫제. 암만 내가 훨씬 낫제! 집구석이 그 지경이니 어떤 여편네가 미치지 않겠소?"

그러고 보니 내 기억에 주둥이 빨강던 젊은 무녀가 애를 업은 것도 보질 못했고, 쫄랑대고 무녀를 뒤따라다니던 애들도 본 적이 없었다.

“그 집 큰아들은 어떻게 되었어요?”

“언제부턴지 보이지 않았소!”

‘천벌을 받았어, 신은 모든 사람에게 공평하다고 했어, 나를 내다 버리고 잘 살아 보려고 했겠지만, 죄를 받은 거야, 그것도 처절하게, 뿔뿔이 흩어져 유기된 가족들, 미쳐버린 엄마, 마치 비극적인 대하드라마의 마지막 장면을 장식하는 것 같잖아, 하하하.’

세상이 공정하다는 생각이 들었다. 10년 묵은 체증이 확 뚫려 내려 가듯 속이 후련했다. 증오심을 불태우며 복수하겠다고 밤낮없이 칼을 갈았지만 사실 대책은 세우지 못했다. 그런 내 입장을 신께서도 아시는 듯 내가 할 일을 대신해주었다. 속된 말로 손도 대지 않고 코를 푼 격이었다. 나는 지금 당장 벌떡 일어나 무녀의 손을 잡고 덩실덩실 춤이라도 추고 싶었다,

나는 그동안 매 순간 살기를 품었다, 꿈에서도 비수를 빼 들고 그들의 심장을 내리쳤다, 나도 당신들처럼 악마가 되었다고, 내 몸 속에도 악마의 피가 섞여있다고, 당신들과 같은 피가, 하하하.’

“그래요?”

옛날부터 부정적인 편견을 갖고 있던 무녀였다. 늙은 무녀가 나를 알아보지 못한다는 것은 천만다행이었다. 만약에 무녀가 나를 알아본다면 이렇게 독설을 퍼부을 것이다. ‘서 씨네 큰 딸년이구먼, 여기가 어디라고 낯짝을 들고 기어들어와, 제 애비 죽인 년을 살려서 내보내다니 그놈들도 미쳤구먼. 미쳤어.’

무녀는 지칠 줄 모르고 계속 이어서 떠들었다.

"제 애비를 죽일 만큼 그렇게 독한 년은 아니었소, 그런데 양쪽 부모가 아들놈만 싸고도니 오랫동안 앙심을 품었을 것이오."

무녀는 살인 이유가 부모가 편견을 갖는 데서 오는 불만이었을 것이고, 그래서 앙심을 품었고 아버지를 죽이는 끔찍한 살인을 했다. 뭐 대충 그런 추리였다. 참으로 무녀의 논리는 기가 막혔다. 나는 터지려는 웃음을 참아 내느라 입술이 터질 것만 같았다.

"가난한 살림에 애새끼는 뭣하게 수두룩 싸질러 놓아, 큰아들놈 밑으로 큰딸 년, 그 밑으로도 줄줄이 사탕이고, 형제가 일곱이나 되었제!"

나이 먹고 몸은 늙었어도 그녀의 기억력이 생생하다 못해 아주 영명하고 총명했다. 우리 형제들이 전부 합쳐서 일곱이나 되었노라고 자식들 숫자까지 정확하게 짚어주었다. 무녀는 계속해서 떠들었다. 제 애비를 죽이는 그런 천벌을 받을 짓을 하고 앙큼하게 숨었지만 얼마 후 형사들이 잡아가는 바람에 들통이 났고, 그때 동네 사람들은 모두들 놀라 기절 총풍들을 했노라고, 다른 사람도 아닌 제 딸년한테 죽임을 당했으니 제 애비가 죽어서도 눈을 감겠느냐고 얼마나 기가 막히고 코가 막히는 노릇이냐고 멍한 시선을 하고 있는 내게 그렇지 않느냐고 묻지도 않는 사연까지 보너스로 덧붙였다. 그렇게 흉측한 년도 자식이라고 딸년을 경찰이 잡아가고 나서 제 어미는 식음을 전폐하고 넋을 놓았었고, 처음에는 실어증 증세가 먼저 나타나 말을 못하다가 나중에 말은 터졌지만 이번엔 정신을 놓고 미친 증세를 보이더라고. 그렇게 돌아치다가 1년 만에 다시 나타났다는데, 그때 왔을 때는 이미 더 심한 증상을 보였다고, 어떻게 여기까지 찾아왔는지 의문이 생길 정도였다고, 어머니는 그때 이미 사람도 알아보지 못 할 지경으로 제정신이 아니었다는 것이다.

"그런데 참으로 신기한 것은 큰 딸년을 내놓으라고 경찰서에 들어가 울부짖는 거였소, 그럴 때는 미친 여자 같지 않았고 멀쩡한 정신이 돌아온 것 같다고들 했었다오, 아마 경찰이 딸년을 잡아갔던 일은 기억났는갑다 했제, 그러니까 지서 가서 난동을 부리지 않았겠소?"

거기까지 주절거리며 사소한 내용까지 이어가던 무녀는 어머니가 다시 고향을 떠난 시점은 정확히 알 수 없고, 끝내 정신이 돌아오지 않았다는 소문만 들었다는 것이다.

"애들 엄마가 행방불명이 되었다면 애들은요?"

"이웃사람들이 모여서 상의를 했제, 어린애는 애 없는 집에서 데려가고 좀 큰놈은 일이라도 시켜 먹는다고 농사짓는 집에서 데려갔소!"

'실성을 하다니, 행방이 묘연하다니' 자식을 살인자로 몰았던 모진 어머니가 그만한 일로 실성했다는 말은 믿어지지 않는다. 하기는 늙은 무녀가 지껄이는 수다가 다 참말이고 맞는다고 할 수는 없는 것이다. 남 말하기 좋아하고 예전에도 근거 없이 뜬소문을 퍼트리고 떠벌리던 무녀였다.

어머니는 그 누구보다 독한 여자다. 형사들이 찾아와 살인 용의자를 내놓으라고 으름장을 놓았을 때. 죄인 아들은 감춰놓고 죄 없는 나를 넘겨주겠다고 주도면밀하게 상황을 뒤엎었던 무서운 여자다. 그리고 천연덕스럽게 다녀오라고 했던 교활한 여자라는 것을 간과해서는 안 된다. 내가 울부짖으며 찾았어도 수년 동안 면회 한

번 오지 않았던 비정한 여자다. 그런 어머니가 나를 보낸 양심 때문에 미쳤다니 말도 안 된다. 틀림없이 늙은 무녀가 뭔가 잘못 알고 있는 것이다. 어머니는 나에게 정이란 없었다. 가뭄에 갈라진 논바닥만큼이나 메마르고 인정머리 없던 비정한 모정이었다. 무녀에게 나 때문에 미친 것이 아니라고 반박하고 싶은 것을 간신히 참았다. 늙은 무녀가 알면 얼마나 알까 싶었다. 사람이 죽을 때가 되면 변한다는 속설은 들었다. 혹시 모르지 않은가. 죽을 때가 되어 일말의 양심이라도 씻어내고 맘 편해지고자 극적인 쇼를 했을지도 모른다, 어머니는 누군가를 속일 작전으로 쇼를 했을 것이다,

나는 어떤 변명도 위로도 앙금으로 남아 있었다. 어떤 말을 들어도 맺힌 응어리는 녹아내리지 않았다, 어떤 참회를 했다 해도 핏발 선 내 눈의 살의는 삭이지 못한다. 내가 지금까지 살아 있었던 힘의 원천은 이들에 대한 사무친 미움이었다, 그 미움이 원동력이 되었고 그 힘으로 버텼다. 증오의 싹을 가슴속에 심어 놓고 키우며 어떤 날은 그 싹을 싹둑 잘라 난도질을 했다가도 다시 일으켜 부러진 상처를 싸매고 물을 주면서 복수의 칼날을 시퍼렇게 갈았다.

그때 양쪽 부모는 극한 상황이었다. 나는 병태에 비해 욕심이 많았다. 양부모가 다 나를 미워한 것은 순전히 내 욕심 때문이었다. 그러므로 늙은 무녀의 수다대로 죽이고 싶은 원한 같은 것은 따로 없었다. 양친 모두 나의 대한 미움이 극에 달하기도 했었지만 부모자식 간이라 화가 풀리면 그만이었다. 또 다른 문제가 있다면 돈이었다. 부모님의 간절한 바람은 공장에라도 나가 돈을 벌어오기를 바랐다. 그러나 내가 하고 싶은 것은 노동이 아니라 앞날을 설

계 할 수 있는 의미있는 것이었다. 나는 부모 말을 듣지 않았고 땟거리 걱정하는 집에서 대학 갈 준비에 정신을 쏟았다. 그런 이유로 양쪽 부모는 내가 미웠을 것이다. 아니 미워했다. 부모님은 내게 허용보다는 규제를 용서보다는 체벌을 관심보다는 미움을 주었다. 그런 것 때문에 무녀의 말대로 내가 양친에게 한을 품지는 않았다. 양친 모두는 갈수록 나와 미묘한 감정이 생겼다.

나는 되도록 서로가 부닥치는 것을 피했다. 내 인생을 포기하고 스스로 짓밟을 만큼 양친과 원수지간은 아니었다. 매사 적극적이며 욕심이 많았던 나는 굳이 나를 해명한다면 과욕이 아니라 내가 정해놓은 좌우명 같은 것이었다. 크게는 내 삶의 목표로 가는 길목이었고 작게는 나와의 약속이었다. 끝없는 도전과 목표 달성 그리고 승리였다. 나는 시작했던 일이 끝나고 나서야 다른 것들을 돌아보았다. 계획을 세우고 나면 끝까지 밀고 나갔고 가던 길을 멈추는 일은 결단코 없었다. 그 관문을 통과하고 나서야 물러나는 집요한 성격이었다. 그런 것들이 격한 노동과 남편과 아들로 인해 육체적 정신적인 고통에 시달리는 어머니에겐 분노를 일으켰을 것이다. 어쩌면 나에 대한 어머니의 미움은 그것이 발화가 되었을 것이다.

"서 씨 딸년 때문에 동네가 시끄러웠소! 살인자가 우리 마을에 살았으니 왜  안 그렇겠소?"

"할머니가 사람 죽이는 것 봤어요?"

"아니, 교도소에 갔지 않았소?"

"교도소 갔다고 다 진실일까요."

"진실? 그게 뭐여?"

"살인하지 않았을 수도 있다고요."

억눌렸던 분노에 불이 댕겨졌다. 나도 모르게 터져 나왔다. 감정이란 놈이 이성을 누르고 튀어 나갔다. 나는 아차 싶은 생각에 풀어진 자제력의 조임을 비틀어 조이고 감정이란 놈을 달랬다.

"아 그걸 눈으로 꼭 봐야 아남? 경찰들이 조사하고 잡아갔으면 죽인 거제. 그런 높은 사람들이 거짓말을 하남? 그런 사람들이 엄한 사람 잡겠소?"

나는 흥분했던 마음을 다시 다스렸다. 늙은 무녀가 근거 없이 떠드는 말들을 무시하기로 마음먹었다. 병태와 어머니만 떠올리며 비수를 갈고 갈아 가슴에 품었다. 나는 그랬다. 교도소에 수감되어 있을 때, 살생할 수 있는 물건이 눈에 뜨이면 몇 날 며칠이고 갈아서 흉기를 만들어 품속에 넣었다. 어머니와 그녀의 아들 병태가 밤마다 꿈에 나타났다. 나는 그들을 따라다니며 흉기로 찌르고 또 찔렀다. 그렇지만 무슨 조화 속인지 그들은 죽지 않았다.

"그 사람들 어떻게 찾을 수 없을까요."

"저 아랫마을 걔들 고모가 술집을 한다고 들었소, 거길 찾아가 물어보면 알 수 있을지 모르겠소!"

"걔들 고모가 술집을 한단 말인가요?"

"그년도 온몸이 뒤틀린 병신 아들을 낳았다오. 병든 서방 두고 직업도 없는 날건달 놈 하고 도망을 쳤으니 죄를 받은 거제, 아 그 놈하고도 얼마 살지도 못하고 사내놈이 교통사고로 죽었소. 그랬으면 혼자 살지, 친정 동네는 왜 들어와 술집을 차려, 그래서 겨우 한다는 짓이 사내들 훑어먹는 술집을 내냐고!"

무녀의 수다는 지느러미를 흔들며 춤추는 물고기 같았다. 무녀는 방금 전까지 나를 살인죄에다가 쳐죽일 년을 만들어 놓더니 이제 나에 대한 허물은 다 퍼 쓰고 바닥이 드러났는지, 이번에는 고모 쪽으로 타깃을 넘겼다. 무녀는 말끝마다 화냥년이라는 욕설을 대명사처럼 붙였다. 화냥년이라고 말끝마다 욕설을 붙이는 이유는 그 일 때문일 것이다.

고모는 아버지의 유일한 혈육 중에 막내 여동생이다. 외모는 천하일색 미인이지만 내적으론 지능지수가 모자란 반편이었다. 어머니 뱃속에서부터 반편인지, 소문대로 아버지한테 매질을 당해 그리된 후천적 요인인지 확인되지는 않았다. 어느 날 수천 미터 지하 막장에서 작업하던 남편에게로 산더미같은 석탄 더미가 쏟아졌다. 석탄더미에 깔려 죽은 줄만 알았던 사람이 일주일 만에 구사일생으로 구조되었다. 목숨은 겨우 건졌지만 하체가 마비되었다. 자식도 낳기 전이었으니 문제는 심각했다. 앞으론 자식을 낳지 못한다고, 남자 구실을 못하니 인생은 끝났다고, 목숨이 살아 있다고 하지만 그게 산목숨이냐고, 입을 달고 있는 사람들은 모두 수군거렸다. 고모의 남편은 성불구자가 모두 그렇듯이 의처증이 발병했다.

"이년아. 언놈을 만났어?"

"시장에 갔다 왔어요!"

"시장에는 남자가 없어? 누구와 이제까지 있었냐고? 바른대로 말해 봐."

집안에 앉아서 레이더를 팽팽히 세워놓고 일거수일투족을 체크했다. 그렇게 다그치는 일상 속에서 그녀는 설상가상으로 몸값으로 받아 챙긴 보상금을 날건달 놈한테 사기를 당했다. 남편도 사건의 전모를 모두 알게 되었지만 별 반응이 없었다. 아마도 의처증이 발병한 남편은 돈 같은 것에는 관심이 없는 것 같았다. 문제가 커지게 된 것은 다른 놈과 도망치려고 빼돌렸다고 생떼를 쓰는 것이다. 결국, 그녀는 그런 남편이 두려워서 들어가지 못하고 밖으로만 나돌았다. 시집은 갔지만 겨우 스물다섯이었고 애도 낳지 않았으니 고모는 처녀와 다를 바가 없었다. 방금 뽑은 왜무처럼 매끈하게 잘 빠지고 반반한 얼굴은 남성들을 유혹하기에 안성맞춤이었다. 그녀가 화장을 하고 엉덩이를 흔들며 동네 한 바퀴를 싸돌면 수많은 남자들은 발정 난 개처럼 그녀를 따라붙었다. 그러다가 말겠지 했으나 우려했던 것들이 밖으로 드러나기 시작했다.

돈을 뺏고 사기까지 친 건달 놈이 고모한테 들러붙은 것이다. 아버지는 사기꾼과 동생을 두들겨 패며 타일러 보았지만 허사였다. 결국, 병든 남편은 내던지고 건달 놈과 둘이 도주하고 말았다. 집 안의 귀중품과 저축해두었던 돈까지 몽땅 들고 튀었다. 여자가 사내한테 미치면 자식이고 나발이고 모두 다 내던지고, 찌그러진 냄비까지 들고 내뺀다더니 딱 맞는 말이라며 동네 사람들은 모여서 혀를 찼다. 착하고 선하기만 한 그녀는 단순했고 낫 놓고 기역자도 모르는 문맹자였다. 그녀에게 죄가 있다면 반반한 얼굴과 몸뚱이였다.

그렇게 착한 여자를 단 한 가지 바람기가 좀 있다고 해서 무녀는 저렇게 몰아붙일까. 나는 늙은 무녀가 뭔가 잘못 판단하고 있다고 생각했다. 심약했던 그녀는 겁이 많았다. 남편의 폭언과 의처증을 이기지 못하고 달아났을 뿐이다. 정말 나쁜 사람은 순박한 그녀를 꼬드긴 사기꾼 날건달이었다. 나쁜 년은 세상 무서운 줄 모르고 살다가 바보같이 따라나선 그녀가 아니었다.

마누라가 떠난 것을 뒤늦게 알게 된 그녀의 남편은 반미치광이가 되어 갔다. 그녀를 찾아내서 죽이겠다고 낫을 들고 미친 듯이 날뛰었다. 맘먹고 숨어버린 사람을 찾아내기란 어려웠다. 그녀의 남편은 결국 일을 내고 말았다. 텃밭에 쓰려고 사두었던 제초제를 마시고 자살을 기도했다. 곧바로 발견은 되었지만, 목숨을 구할 수 없었다. 제초제를 마시고 살아난 사람은 단 한 사람도 본적 없고 저렇게 걸어다녀도 살아날 수 없으니 떠나 보낼 준비나 하라는 의사의 말을 듣고도 믿을 수가 없었다. 일반 농약은 위세척만 잘하면 생명은 건지지만 들풀을 말려 죽이는 성질이 있는 제초제는 인간의 목숨도 풀잎처럼 말려 죽인다는 것이다. 역시 의사의 진단대로 퇴원해서 얼마 간은 그런대로 살아 있더니 결국은 바짝바짝 마르며 20일을 못 넘기고 숨을 거두었다.

"할머니. 안녕히 계세요."

"갈려고 그러우? 그 화냥년 술집으로 가 보게! "

늙은 무녀에게 목례를 하는 듯 마는 듯하고 뜰을 내려섰다. 돌덩이를 발목에 매단 듯 발자국 떼어 놓기가 버거웠다. 늦은 밤거리는 찬바람이 거칠게 불었다. 가로수 사이의 상가들이 예전과는 다른 모습으로 변해 있었다. 도시에서 흔히 보았던 큼직한 간판들은 작은 마을답게 함축시켜 옮겨 놓은 듯했다. 약속 다방, 털보네 세탁소, 맛나 식당, 신나네 노래방, 당긴다 호프 등등. 어디서나 흔히 눈에 뜨이고 어디에나 있음직한 간판들이 줄지어 들어서서 손님들을 기다리고 있었다. 그것들 틈에 있는 딱 고만한 술집인 "오페라하우스" 라는 간판이 눈에 들어왔다. 순간 노인의 말이 생각났다. 혹시 하며 유리문을 열고 들어섰다. 밖에서 예상하던 것 보다 내부는 더 작고 협소했다.

"어서 오세요."

얼굴에 화장으로 떡칠한 젊은 여자가 시답잖게 반겼다. 남자가 아니라서 실망을 했다는 것인지 모를 일이다. 낯익은 얼굴은 아니었다. 무녀가 잘못 가르쳐 준 것은 아닌가 하는 실망한 표정을 숨기며 구석자리를 찾았다. 사람들은 무엇 때문에 대다수 구석자리를 좋아할까. 다른 사람들이 그렇듯 나 역시 어디를 가든지 구석자리를 찾느라고 휘휘 둘러본다. 구석자리가 없으면 난감해진다. 나가야 하나 말아야 하나. 망설이게 되고 가운데 자리에 앉으면 나갈 때까지 불안한 것도 이상한 습관이다.

손님이 없는 관계로 구석자리를 용케 잡아 앉았다. 좁아터진 장소라 그러한지 활활 타는 붉은 불꽃이 이유가 되었는지 구석자리 내부는 갈수록 숨이 차고 답답했다. 천장 구석에 매달아 놓은 스피커에서는 어느 여가수의 흐느낌 섞인 시절 지난 유행가가 잔잔히 흘렀다. 주문한 맥주병을 테이블 위에 거칠게 올려놓고 여자는 황망히 나간다. 손님이라고는 나 말고는 단 한 테이블도 없는 술집은 여자들만 셋이서 왔다 갔다 좌불안석이었다.

여자 혼자 술 마시는 모습이 낯설었던지 30대 중반은 되었을까 한 여자가 내가 앉아 있는 쪽을 유심히 쳐다보고 있다. 나는 어이없게 그녀를 알아보고 웃음이 나왔다. 술기운이 온몸을 한 바퀴 돌고 나오자 나도 모르게 몸과 마음이 누그러진 탓일 것이라고 생각 했다.

"예쁜 아가씨 혼자시네, 술동무 좀 해줄까?"

이쪽을 유심히 쳐다보고 서 있던 예의 그 30대 여자였다. 언제 가까이 왔는지 등 뒤에서 돌아 나오며 말을 걸어왔다.

"그러시든지……."

"어디서 봤을까."

"하나도 변하지 않았네요. 세월이 비켜가는 모양이죠?"

"그러고 보니 너는? 양순이 아니냐?"

"잘살고 있네요?"

"아이고. 양순아, 미안하다. 죽을죄를 지었지 뭐."

"죽을죄를 지어?"

여전히 호들갑스러울 줄 알았던 그녀는 변해 있었다. 예전의 어수룩했던 고모가 아닌 것 같았다. 그때의 고모는 아무 생각이 없었다. 전혀 감동할 일이 아닌데도 팔딱팔딱 뛰며 감동했고, 울 일이 아니지만, 눈물을 꾹꾹 짜내며 울었다. 어떤 때는 조용히 앉아 있다가 깔깔대고 웃는 바람에 옆사람까지 놀라게 했다. 주변의 이목 같은 것은 알 바 없고 감정대로 행동했던 단순한 여자였다.

그렇게 맹 하던 그녀가 아닌 것 같았다. 어쩐지 차분한 분위기가 흘렀다. 다시 보아도 변한 것 같았다. 무녀의 말대로 자식을 낳았다더니 그런저런 풍파를 겪으며 철이 든 것일까. 세월이 적지 않게 흐른 지금 어떤 연유로 저토록 차분한 성품으로 변했을까.

미인은 대부분 생각의 깊이가 심오하지 못하다고 세인들 간에 떠다니는 고정관념이 박혀있다. 그러한 관념적 정설을 뒷받침하듯 그녀는 머릿속이 텅 빈 콩깍지였다. 세상 사내들은 머리가 텅 빈 여자를 좋아한다. 절세미인이지만 지혜를 갖추지 못하고 그저 본능적인 것 세 가지 외엔 어떤 생각도 못하는 여자. 그런 여자인 줄 알면서도 좋아한다는 것은 남자 역시 본능적 성욕을 간단하고 쉽게 해소하기 위한 한 방편일 것이다. 그녀의 빼어난 미모와 한참 모자란 지능은 남자들에겐 잘 주물러 놓은 떡밥이었다. 그녀가 만나는 남자들 이름으로 나는 낱말잇기 놀이까지 하면서 놀렸을 정도였다. 그녀는 자신의 몸을 지키며 남자를 만나는 것 같지는 않았다. 남자를 만나러 나갔다 하면 아침에 들어왔다. 며칠째 연락 두절 된 날도 있었다. 지금도 그녀의 나이 삼십 대 중반이라 하지만 그 미모는 여전히 빛났다.

"사람을 생매장시켜 놓고, 잘 먹고 잘들 살았겠어?"

"……."

그녀는 말이 없었다.

"살인자! 어디 있어 대라고,

"모든 것은 내 죄다."

"어디 있어? 핑계 댈 생각 말고 바른대로 말하라고."

"나는 너의 가족들 몰라."

"천벌 받을 짓을 하고도 찾아오지 않았던 철면피들. 그 뻔뻔스러운 낯짝을 오늘은 보고 말겠어."

"죽은 니 엄마가 부럽다."

"누가 죽어? 무슨 소리를 하는 거야?"

나는 자리에서 벌떡 일어나 그녀의 앞섶을 틀어쥐었다. 가냘픈 그녀의 몸은 강풍에 휘말린 듯 사정없이 흔들렸다. 목걸이가 끊어지며 검은 콩이 바닥으로 이리저리 굴러갔다. 누가 본다면 그녀의 목을 조른다고 착각했을 것이다.

"니 엄마 죽었다고."

"뭐? 그럴 리가 없어. 허튼수작 말고 바른대로 대."

"진정하고 내 말 좀 들어 봐. 니 아버지 죽인 사람은 병태가 아니고 니 엄마야. 니 엄마가 단독 범인이라고."

"뭐라고? 엄마가 죽였다고?"

"양순아 나를 용서해라. 내가 너를 살인자로 만들었어, 그놈한테 속아서?"

"속다니. 누구한테 속았다는 거지?"

"나하고 살던 날건달 사기꾼. 그 개자식 말이다."

"무슨 얘기를 하는지 모르겠네, 자세히 말해보라고? 그 남자가 이 일에 무슨 상관이 있어?"

생각지도 못했던 충격적 뉴스였다. 나는 온몸에 경련이 일었다. 그녀는 나를 잡아 앉히며 진정하고 자신의 말부터 들어보라 했다. 할 말을 잃어버린 나는 마른 풀처럼 주저앉았다. 어떤 경악할 뉴스가 저 입에서 또 쏟아지려는 것일까. 그녀가 두려웠다. 나는 내심 가슴속에 감추었다. 그녀의 진심이 아닐 수도 있다는 생각을 하며 우선 변명을 들어보기로 했다. 그동안 일어났던 일들과 사건의 요지를 들어봐야 알 수 있을 것 같았다.

"여자 혼자 나무에 목매단 남자 시체를 끌어내린다는 것은 불가능하지. 사망자는 나무에 목을 맨 것이 아니야, 타살이라고. 타살."

형사들이 내게 자백을 강요할 당시, 몇 번이고 내뱉던 말이었다. 그들의 말들이 다시 떠오르며 내 뇌리를 스쳤다. 아버지 스스로 목을 맨 것이 아니라는 것은 형사들 조사과정에서 짐작은 했다. 나는 그날부터 병태가 해쳤을 거라고 굳게 믿고 있었다. 이렇게 되면 나의 예측이 완전히 빗나간 것이다. 병태가 아닌 어머니 혼자서 아버지를 살해했고 그것도 단독 범행이었다니. 어머닌 늘 어딘가가 아프다고 노래를 했다. 그 몸으로 건장한 장정을 죽였다니, 도저히 믿을 수가 없었다.

"그렇다면, 본인이 사람을 죽이고 그 죄를 딸자식한테 덮어씌워서 교도소에 보냈단 말이지? 그래 놓고 편안하게 눈을 감고 죽었단 말이지?"

"그게 아니라니까. 내 말을 좀 들어보라고."

나는 어머니의 비정함에 살이 떨렸다. 하기는 세상에는 알 수 없는 일들이 자주 일어난다. 생계를 한탄하며 부모가 자식을 한강에 던져 죽이는 일이며, 친부가 친딸을 수년간 강제 추행하는 일이며, 귀하게 키운 자식이 돈을 주지 않는다고 부모를 때려죽이고 기름을 뿌려 소각하는 일들이며, 내 일이고 남의 일이고 참으로 살 떨리게 소름 끼치는 일들이 일어난다. 내 어머니도 자식한테 할 수 있는 행동이 아니었다. 눈물이 가득 고여 그렁대는 눈으로 나를 잡고 설득했다. 참고인 자격으로 가는 것이니 조사만 받고 바로 나올 거라고, 경찰이 집에까지 데려다 줄 거라고, 아무 걱정하지 말라고. 그렇게 나를 꼬드겨 형사에게 따라 보냈던 비정한 여자였다.

"무슨 말을 들어. 다 핑계지, 듣고 싶지도 않아."

그녀 입에서 무슨 말이 또 튀어나올까 기대 같은 것은 없었다. 모든 것이 다 부서지고 망가진 장난감 같았다. 생각지도 않았던 이 새로운 상황에 어찌할 줄을 몰랐다. 앞에 놓인 술잔만 비우고 또 비웠다. 그녀가 무슨 말인가 들어보라고 했지만 듣고 싶지도 않았고 궁금하지도 않았다. 그러나 내 의도와는 다르게 그녀의 입에서 쏟아지는 사연은 라디오를 켜 놓은 것처럼 자동으로 들렸다.

"그날 막 잠자리에 들어가 잠을 청하려던 참이었어."

밖에서 나는 인기척을 느끼고 그녀가 방문을 열었다. 밖의 냉기가 방안을 덮치며 하얀 달빛이 밀고 들어왔다. 그 뒤에 차가운 달빛만큼이나 창백한 얼굴을 하고 여자가 서 있었다. 푸른 달빛을 등에 업고 둥둥 떠도는 영혼처럼 여자는 소복차림이었다.

"아니. 이 밤중에 웬일이예요?"

"도와줘요. 나를 도와줄 사람은 아가씨뿐이에요."

"아니 뜬금없이 뭘 도와 달라는 건지……."

"우리 애들을 맡아 줘야겠어요."

"어디 가세요?"

"나는 이 길로 지서로 가야 해요. 내가 애 아버지를 죽였어요."

그때서야 심상찮은 예감이 들었고 그녀는 같이 사는 날건달에게 자리를 피해 달라고 눈짓을 했다.

"언니가 오빠를 죽이다니요. 그게 사실이에요?"

남자가 밖으로 나가는 것을 확인하고 그녀는 올케를 다그쳤다. 올케 입에서는 상상을 초월한 비화가 쏟아졌다.

"애들 아버지는 자살한 것이 아니에요. 내가 죽였어요."

시누이 앞에서 어렵게 말을 꺼낸 올케는 그동안 있었던 사고 경위를 담담하게 털어놓았다. 그녀는 처음엔 크게 충격을 받았으나 시간이 지나자 담담해졌다. 그까짓 것 사람 같지 않았던 오빠의 죽음 같은 것은 오래전에 잊었다. 남매의 정 같은 것은 약에 쓰려고 찾아도 없었다. 스스로 죽었든지 올케가 죽였든지 그녀에겐 별로 관심이 없었다. 그보다 지금 닥친 문제가 더 시급하고 암담했다. 그녀는 어떤 문제에 빠져 고민하는 사고 깊은 성격이 아니었다. 앞에서 말했듯이 단순 무식했다. 올케 고백 같은 것은 남의 애기처럼 한쪽 귀로 흘렸다.

그녀에게 가장 중요한 것은 본론이었다. 그 많은 애들을 맡으라니 말만 들어도 끔찍했다. 남자도 놀고 있었고 본인도 술집에 나가 하루하루 벌어 먹고사는 형편이었다. 어떻게 하면 일곱이나 되는 대가족인 조카들을 떠맡지 않을까. 아무리 생각해도 대책이 서지 않았다. 그녀는 도망갈 궁리만 떠올랐다. 미칠 노릇이었다.

"언니. 내 처지를 잘 알잖아요. 나도 도망 나온 년인데, 이 남자가 그 많은 조카들을 받아들이겠어요?"

"고모 조카예요. 저 사람은 고모를 술집 일을 시키면서 놀고먹고 있잖아요. 이번에 다시 집으로 돌아가요. 내가 떠난 뒤 애들을 키우며 혼자 살아요. 제발 부탁해요."

"말도 안 돼요 나는 저 사람 없으면 못 살아요."

"그럼 어떻게 해요. 고모가 애들을 맡지 못 한다면 우리 모두는 여기서 죽겠어요. 어차피 두고 가면 말짱 굶어 죽어요, 차라리 다 죽겠어요."

그때 어머니의 표정은 전쟁터에 나가는 무사 같았다. 단호하고 결연한 의지를 보이는 어머니는 누가 보아도 아이들을 데리고 강물이라도 뛰어들어 죽을 것만 같았다. 이러지도 저러지도 못하고 있는 가운데 사방은 회색빛으로 채색되고 새벽이 밝아 왔다. 그녀는 아무리 핑곗거리를 찾아도 빠져나갈 구멍이 없었다. 그녀는 애들을 떠맡는 수밖에 다른 묘수가 떠오르지 않았다.

"맡기는 하겠지만, 언제까지 돌본다고 약속 못 하겠어요."

"그래요. 우선 맡아줘요, 두고 보자고요. 아가씨. 고마워요."

"여보야. 들어가도 돼."

"응, 들어와!"

"제가 끼어들 사안은 아니지만, 밖에서 듣자니 안타까워서 한마디 하겠어요. 처남댁, 처남댁이라 부르라고 허락은 안 하겠지만 지금부터 제 맘대로 그렇게 부르지요. 처남댁은 사람을 죽였어요. 그것도 다른 사람도 아닌 남편을 말이죠. 존속살인이 더 무서운 거지요. 형도 몇 배나 더 무겁고요. 이제 교도소에 들어가야 하는 것은 기정사실이고, 문제는 어린 자식들이네요. 당연히 처남댁이 구속되면 아이들이 굶어 죽던지 뿔뿔이 찢어지던지 그렇겠지요. 그렇다고 입에 풀칠도 겨우 하는 우리 부부한테 맡으라고요. 아니면 저와 이 사람을 헤어지라고요? 그런 억지가 어딨어요. 난 그렇게 못 합니다. 한두 명도 아니고 말도 안 됩니다."

"이 봐요, 다 해결되었으니 댁은 참견 말아요."

"언니. 이 사람 제 남편이에요. 이제 우리 가족이라고요."

"이 사람 말이 옳아요, 저도 이 집 식굽니다. 처남댁 하던 말 계속하지요. 이제 어떻게 해야 할까요? 제가 욕을 얻어먹더라도 묘책을 짜주지요. 처남댁 대신 다른 사람을 보내는 겁니다."

"참 내, 생각해 낸다는 것이, 그런 사람이 어딨나? 말 같은 소리를 하시오."

"있어요. 처남댁을 대신할 수 있는 사람이 꼭 한 사람 있어요."

난데없이 방문을 열고 들어온 그녀 남자가 처남댁이라는 인척 호칭을 쓰며. 해결사 노릇을 자처하며 끼어들었다. 어머니는 이 날건달 놈이 이제 죄인이 되었다고 쉽게 보는 모양이라고 생각했다.

"대신할 수 있는 사람이 있다니. 도대체 그 사람이 누구요?"

"큰 따님입니다. 살인했다고 자수하는 것이 아니라, 부부싸움을 말리다가 실수로 처남을 넘어트려 죽은 겁니다. 큰딸의 나이가 다행히 어리니 금상첨화죠? 처음엔 소년원을 잠시 들어갔다가 아버지의 나쁜 행위가 변호되어 정상 참작되면 금방 나옵니다. 그러니까 무거운 처벌은 받지 않는다는 얘기죠."

"뭐라고 이 천하 날건달 자식아. 잘 살고 있는 남의 여자 훔쳐가는 놈이, 뭔 말인 듯 못 할까 만은 그따위 생각 밖에 못 하냐? 뭐가 어쩌고 어째, 이놈! 당장 꺼져!"

"잘 생각해 봐 언니, 내가 들어보니 이 사람 말이 맞아, 좋은 방법이야, 난 애들 못 맡아."

"뭐라고? 어떻게 고모가 되어 조카한테 그럴 수 있어?"

"언니 이 사람 말이 금방 나온다잖아요."

"맞아요. 나오지 못 하면 제가 가서 빼오지요. 우리 육촌 형수님 동생이 수사과에 근무하고 있어요, 끗발 좋습니다. 내 약속합지요."

두 사람은 어머니를 밤새도록 설득했다. 어머니는 처음엔 불쾌하고 괘씸해서 분노를 금치 못 했지만, 마음이 흔들리기 시작했다.

그러나 어머니가 진짜 믿었을까. 아니면 사면초가에 몰려 인간이기를 포기했던 것일까. 시간은 자꾸 흐르고 두 사람이 설득하는 바람에 뭔가에 홀린 듯 어머니는 펄펄 뛰던 행동을 멈추고 입을 다물었다. 그녀에게 욕을 퍼붓던 노기가 점점 꺾이며 체념한 듯 멍하니 생각에 잠겼다.

"이 봐요. 진짜 교도소에 가지 않겠소? 아, 아니요 그럴 수는 없소, 그렇더라도 우리 딸은 가지 않을 거요. 워낙 영민한 아이라. 아무리 그래도 안 돼! 내 딸은 도저히 안 돼!"

"모든 것은 제가 할 테니까. 처남댁은 시키는 대로만 하세요. 이 일이 마무리 되면 따님을 빠른 시일 안에 빼내 올게요. 처남댁. 의심하지 마시고 절 믿고 맡기세요. 그리고 따님한테는 일단 말하지 말고 참고인 자격으로 갔다가 오라고만 하세요."

정신이 반쯤 나가 판단력이 흐려진 어머니를 두 부부는 삼일동안 가두어 두고 회유했다. 혼백이 나간 듯 어머니는 뭐가 어떻게 돌아가는지 알 수 없었다. 차멀미에 시달린 승객처럼 어머니는 짐짝처럼 널브러져 아무 생각 못한 채 떠밀렸다. 다만 잘 될 것이라는 기대 하나로 줄 하나에 매달린 연처럼 그들의 말만을 믿었다. 어머니는 남자가 시키는 대로 충실히 실행했다. 남자의 계획은 일사천리로 착착 진행되었다. 맹추 같은 그녀는 조카에게 살인누명 씌우는 살인마의 속셈도 모르는 채 같이 춤을 추었다.

금방 나온다는 딸의 소식은 캄캄 무소식이었다. 남자의 간교한 회유는 진실이 아니었다. 어머니를 설득하며 사흘 밤을 꼬드기던 남자는 맹한 그녀의 옆구리를 쿡쿡 찔러 말을 못하게 함과 동시에 동조하게 만들었다. 우선 보내면 늦어도 이삼일 후엔 자신이 틀림없이 빼내온다고 하지 않았던가. 그러나 다음 날은 물론이고 이삼일이 지나도 돌아오지 않았고 빼 올 생각도 하지 않았다. 남자는 파자마 바람으로 자빠져서 안절부절 못하는 어머니를 향해 느긋하게 앉아 기다리라고 짜증을 냈다. 남자는 방바닥에 누워서 야한 영화를 보거나 여자 속옷 광고하는 TV프로를 즐겨 보며 히죽거렸다. 이제 칼자루를 쥐고 있는 그 남자는 어머니와 그녀에게 안하무인이었다. 다시 며칠이 지나도 소식이 없었다. 그때서야 어머니는 남자에게 의심을 품었다. 두 사람에게 바른대로 말하라고 윽박질렀다.

"이게 어찌 된 노릇이고? 내 딸은 어떻게 된 거냐고, 책임지고 빼내 온다고 하지 않았소?"

어머니는 두 사람을 향해 무섭게 다그쳤다. 그때서야 그녀는 눈물을 짜면서 고백했다.

"언니 나를 죽여줘요. 저 사람이 시켰어요. 양순이가 사람을 죽였다고 내가 신고를 했어요. 그래서 그날 밤 형사가 양순이를 잡아간 거예요."

"뭐야, 이 짐승만도 못한 인간들, 내가 니들 두 년 놈을 찢어 죽여 버리겠어!"

"그럼 어떻게 해, 저 사람이 시키는 대로 안 하면 나를 버리고 떠난다는데."

"미친 잡년, 니가 고모냐? 조 놈이 그렇게도 좋으냐?"

그녀는 뻔뻔스럽게 감히 내 앞에서 얼굴색하나 변하지 않고 모두 털어놓았다. 만약에 그녀가 똑똑한 여자라면 겁도 없이 내 앞에서 이 무서운 일들을 주절거리며 털어놓을 수 있을까. 어리석은 어머니는 그때서야 그 남자는 꾸미고 맹추 같은 그녀가 지원 사격한 것을 알게 되었다.

"미안해요. 난 조카보다 이 남자가 우선이에요."

"천벌 받을 거다. 이 나쁜 년 놈들."

어머니는 하늘이 무너지는 절망과 슬픔에 부들부들 떨며 그 자리에 털썩 주저앉았다.

"우리도 처남댁네 어린 자식들을 위해 고민 많이 했다고요. 괜히 그래요. 고마워나 하시죠?"

"아이쿠, 우리 양순이 어쩌면 좋소. 내가 너희 년 놈들을 가만 두지 못한다. 이놈. 두고 봐라. 네놈이 차에 갈려 피를 수십 말 흘리며 뒈지는 꼴을 보고 죽을 테다."

주저앉았던 어머니는 벌떡 일어나 그녀와 남자를 미친 듯이 쥐어뜯었다. 그러고도 분을 풀지 못 했는지 웃다가 울다가 미친 여자 같았다. 그 길로 신발도 신지 않은 채 지서로 내달렸다.

"여보시오. 내가 살인자요, 나를 가두고 내 딸 양순이를 내 앞에 데려다 놓으시오"

그러나 반미치광이를 어느 누가 정상이라고 볼까. 그때 어머니를 정상으로 보는 사람은 아무도 없었다. 딸 걱정으로 분에 못 이긴 어머니는 더 이상 정상이 아니었다. 천진난만한 소녀처럼 깔깔거리며 길거리를 배회했다. 가까스로 붙잡아 두어도 밖으로 빠져나가 지서로 직행했다. 지서 정문 앞에 주저앉아 내 딸을 내놓으라고 울부짖었다. 사람들은 딸을 보내 놓고 미쳤다고 혀를 찼다. 의복과 머리를 산발하고 떠돌아도 어머니를 거두는 사람은 아무도 없었다.

몹시 추운 겨울이었다. 그날 밤 추위는 모든 것이 꽝꽝 얼어 빠지도록 극성을 부렸다. 온전한 정신이 아닌 어머니도 추위를 느꼈을까. 추위를 피해 들어간 곳이 화물차 밑이었다. 그곳이 어머니가 천상으로 올라가는 계단이었다. 새벽녘 일 나가는 운전자는 무심코 출발했고. 어머닌 그 자리에서 비명횡사했다.

어머니가 떠난 며칠 후, 놀라운 일이 벌어졌다. 한 맺힌 어머니가 날건달의 멱살을 잡아끌고 저승으로 갔던 것일까. 참으로 의문스러운 일이 벌어졌다. 남자는 오토바이를 타고 나가다가 브레이크 고장 난 버스가 정면으로 돌진하는 바람에 그 자리에서 두개골이 날아간 상태로 즉사했다.

"아이고, 잘 뒈졌지 뭐. 남의 눈에 피눈물 짜게 해놓고 무슨 낯짝으로 살아 개자식. 난 아무것도 몰랐어, 다 그놈이 한 짓이다, 사실 내가 뭔 죄가 있겠어, 다 그놈이 시켜서 한 일인데!"

나불대는 빨건 입술을 보고 있는 나는 지금 그녀가 누구 얘기를 하며 누가 죄인이라는 것인지 도무지 이해하기 힘들었다. 차라리 똑똑한 여자였다면 지금이라도 잘잘못을 가려내고 싶었다. 또다시 예상을 뒤엎는 엄청난 사실을 내게 고백하는 그녀는 표정하나 바뀌지 않았다. 이제 따질 가치조차 없어진 맹한 여자를 잡고 어떤 심판을 해야 하는지 갈피를 잡을 수 없었다. 다만 그녀의 생각 없는 행위가 무섭다는 생각이 들어 온몸에 소름이 번졌다.

연탄을 대처한 가스난로에서는 불꽃이 쉭쉭거리며 시퍼런 혓바닥을 드러내 놓고 뜨거운 열기를 내뿜었다. 시퍼런 불빛은 곧 그녀를 집어삼킬 저승사자의 혓바닥 같았다. 시뻘건 불꽃이 타올라 주변은 붉은 노을같이 붉었지만 내 가슴은 서슬 퍼런 푸른빛이었다. 붉은 불꽃과 시퍼런 불꽃이 얼버무려진 분노의 색깔은 그녀의 허연 이빨과 정면으로 맞부딪쳤다. 좁아터진 술집 내부는 뜨거운 열기가 달아올라 내부 전체로 옮겨붙을 기세였다. 그녀 얼굴에선 눈물인지 땀인지 붉은 기름 덩어리가 흘러내려 시뻘건 핏자국으로 흥건했다.

그 순간 뜨겁게 달아 오른 그녀의 목덜미를 틀어잡았다. 살기인지 흥분인지 지글지글 끓어오르는 울분이 폭발했다. 죽기를 각오

했는지 멱살을 틀어 집힌 그녀는 저항도 하지 않고 당황하지도 않았다. 허탈한 심정이 들었던 쪽은 내 쪽이었다. 나는 움켜잡았던 그녀의 옷자락을 힘없이 놓았다. 그녀는 내가 하는 행동에 조금도 동요하지 않고 담담한 표정이었다. 가득 채운 술잔을 들어 붉게 물든 핏물을 마셨다. 그 순간 그녀의 눈에서는 알 수 없는 붉은 핏물이 흘러내렸다. 붉은 불꽃에서 붉은 핏물이 다 떨어지고 뽀얀 불꽃이 일렁거렸다. 그 맑은 불꽃 속에서 어머니 온화한 환영이 어른거렸다. 마치 그리웠던 딸을 반기듯 어머니는 그런 표정이었다.

"병태는 싸가지 없는 녀석은 아니다. 네 아버지가 죽던 날 밤이었어. 노름판에서 돈을 다 잃고 나자 집으로 달려와 네 엄마를 닦달했다. 너의 아버지가 얼마나 못된 인간이었는가는 네가 더 잘 알 것이다."

타임머신을 돌리듯이 차분한 어조로 다시 나를 과거 속으로 끌고 들어갔다. 십여 년 동안 혼자서만 간직했을 무서운 비밀 캡슐이 열린 것이다. 묻지 않았지만 스스로 알아서 헤집어 내는 그녀의 속셈은 무엇일까. 어쩌면 자신이 빠져나갈 구멍을 찾아 계산에 넣었을지도 몰랐다. 그녀가 설명하지 않아도 아버지의 행위는 서로가 잘 알고 있다. 사실 아버지는 집안에서 차라리 없었으면 더 좋았을 사람이었다. 우리 형제들이 미워하는 아버지를 그녀라고 좋아했을 리가 없다. 아마도 그녀가 다른 사람처럼 똑똑했더라면 더 많은 한을 품었을지도 몰랐다.

어머니를 일찍 여의고 배다른 오빠 밑에서 성장하던 그녀는 아버지의 화풀이 대상이었다. 매일같이 두들겨 맞았고, 오빠인 아버지에게 인간 이하의 대우를 받았다. 아니 사람이 아닌 버려진 물건에 불과했다. 밥을 먹는 것도 눈에 거슬렸고, 잠을 자는 것도 못 봐 줄 일이었다. 그렇게 천덕꾸러기로 자라던 그녀가 하루는 말도 없이 집을 나갔다. 그녀가 어디를 갔는지 우리들은 전혀 몰랐다.

얼마 후 그녀가 집으로 돌아온 후에야 어디를 갔었는지 알게 되었고 참으로 기막힌 사실이 밝혀졌다. 노름에 미치면 마누라 자식도 팔아먹는다는 말도 떠돌지만 실지로 내 아버지가 그런 인간이라는 것은 꿈에도 생각하지 못했다. 다 자라지도 않은 어린 동생을 노름빚으로 빚쟁이에게 넘겼다. 똑같은 부류의 인간말종인 빚쟁이는 얼씨구 좋다 하고 데려다가 어린 것을 허드레 잡일을 시키고 짐승처럼 부려먹었다, 그렇게 노예 같은 생활을 하다가 어느 날 도망쳐왔다. 어머니도 나도 그때서야 그녀의 비참한 처지를 알았다. 한동안 종적을 감추었던 그녀가 집으로 들어서던 날이 생생히 기억난다. 쌩쌩 불던 바람을 맞으며 꽁꽁 언 다리 사이로 선혈이 낭자해서 들어서던 그날을, 그것이 어떤 의미라는 것도 알았다.

그렇던 그녀가 아버지인 오빠에게 정이란 눈곱만큼도 없었을 것은 뻔했다. 아버진 그만큼 노름에 미쳐 있었다. 어린 동생을 노름판에 팔아먹었고 아내마저 팔 곳만 있다면 팔았을 아버지였다. 아버지가 돈을 잃고 들어오는 날은 집안에 초비상이 걸렸다. 그때 아버지 눈에서는 산짐승의 불빛이 번쩍였다. 빨리 돈을 구해 오라, 빌려다가 주기만 하면 노름방 돈은 모조리 훑어올 수 있다, 제발 나가서 꾸어 오라. 처음에는 거절하지 못하고 집집마다 구걸하다시피 꾸어다 주었다. 그것도 한계에 도달하고 누가 돈을 빌려 주지도 않았다. 그동안 빌려다준 돈만 해도 빚더미에 올라가 있는 실정이었다. 아버지는 생떼를 쓰기 시작했다. 돈 많은 남자라도 꼬드겨라, 등등. 하지 않으면 안 될 말까지 서슴지 않았다. 도저히 견디기 힘들었던 어머니는 그런 아버지를 향해 소리쳤다.

"인간 구실을 못 하려거든 입이라도 다물고 있어. 벌레만도 못한 인간아! 나가 죽어, 제발 죽으라고."

벌레만도 못한 인간 나가 죽으라고. 했지만 죽이고 싶은 심정은 마음뿐이지 실행이란 있을 수 없었다. 죽으라는 소리를 들은 아버지는 욕설은 물론이고 이루 말할 수 없이 날뛰었다.

"무엇이 날 더러 인간 구실 못 한다고? 그래서 벌레처럼 엎드려 입 닥치고 죽으란 말이지."

순식간의 일이었다. 재떨이가 어머니를 향해 날아들었다. 이어 요강단지가 두 동강이 나며 방안은 오물로 뒤덮였다. 이마에서 솟는 피를 틀어막으며 생각했다. 끊임없는 고통의 세월이 지루하다고, 남편이라는 위인은 틈만 나면 자신에게 온갖 불만을 터트리고 많은 자식들도 있지만 하나같이 도움이 되지 않았다. 남들이 보는 하늘은 파랗건만 어머니의 눈에는 파란 하늘이 노랗게만 보였다. 절망스런 그 순간 어머니는 죽어버리고 싶은 감성이 지배했다. 이렇게 사는 것도 인생인가, 새삼스럽게 돌이켜 본 자신의 신세가 서러웠다. 고통 없는 다른 세상이 있다면 그곳으로 가고 싶었다. 뼛골 빠지도록 노동을 하고 들어와도 밤마다 이 고통이었다. 더 이상 견디기 힘겨웠다. 죽음을 생각했다. 죽어버린다면 모든 것들에서 해방되고 짐승 같은 인간으로부터 헤어난다고 생각하니 오히려 행복했다. 이제 더 이상 머물고 싶지 않았다.

퍼뜩 장독 뒤에 두었던 양잿물이 생각났다. 벌떡 일어난 어머니는 조그만 항아리 속의 양잿물을 들여다 보았다. 단단하고 투명한 것이 꼭 얼음덩어리 같았다. 그대로 먹기는 목에 걸려 곤란할 것 같았다. 냉수 한 대접 떠서 들고 방으로 들어왔다. 술 취한 아버지는 짐승 소리를 내며 잠들어 있었다. 양잿물 덩어리를 물 대접에 담가놓고 자식들 생각으로 시름에 잠겼다. 어린 자식을 두고 세상을 떠난다고 생각하니 가슴이 메어져 왔다. 어린 자식이 무슨 죄가 있어 고생을 시킬까. 다시 냉정하게 마음을 돌려 먹고 미련은 두지 않기로 생각했다. 옛말에 지 먹을 것은 가지고 태어난다고 하지 않던가. 찢어질 듯 아픈 가슴을 억누르며 잠들어 있는 아이들의 얼굴을 쓰다듬었다. 낳아놓고 무책임하게 떠나는 자신을 용서하라고 빌었다.

"퉤! 이게 뭐야? 사람 살려 읔……."

"그걸 왜 마셔?"

아이들과 마지막 작별을 고하고 있는 그 짧은 시간에 일어난 일이었다. 어머니가 아이들을 보며 흐느끼는 소리에 잠에서 깨어난 아버지는 마침 목이 말랐다. 그런 와중에 머리맡에 있던 물 대접을 들어 단숨에 들이켰다. 아버지는 어머니가 마시려던 양잿물을 마신 것이다. 양잿물을 마셔버린 아버지는 온몸을 애벌레처럼 뒤틀며 고통을 호소했다. 마치 소금 벼락 맞은 미꾸라지 몸부림 같았다. 점점 타들어 가는 오장육부의 통증은 허연 눈자위를 까뒤집고 꿈틀댔다. 그 모습은 죽어가는 흉측한 벌레 같았다. 자신이 마셨다면 자신이 저런 추한 모습으로 죽어 갔을 것을 생각하니 소름이 돋았다. 생각해보니 고생만 하던 자신이 죽을 이유가 없었다. 정작 죽을 사람은 식구들 고통 주는 저 짐승만도 못한 인간이 죽어야

한다는 생각이 들었다. 그렇게 생각한 어머니는 야릇한 보복 심리가 발동했다.

'그래, 내가 잘못 생각했어. 자식을 키워야 할 내가 왜 죽어. 저 짐승을 저대로 두는 거야. 내가 죽이자고 죽인 것도 아니잖아, 제 손으로 쳐먹고 지 목숨 지가 끊은 거야. 제발 실패하지 말고 죽어라. 죽지 않으면 내가 모진 목숨 딱 끊어 주겠어. 지금 벌레 한 마리가 죽고 있는 거야.'

속히 구급차를 불러야할 위급한 순간임에도 어머니는 못 본 척했다. 슬며시 문을 열고 밖으로 나와 주변을 살폈다. 주변엔 사람의 인기척은 없는 것 같았다. 그렇게 싸늘하게 식어가는 어머니 마음 앞에서 아버지의 꿈틀거림도 서서히 줄어들고 있었다.

"그 인간 또 노름할 돈 내 놓으래?"

어머니가 뒤로 넘어갈 듯이 놀랄 것은 당연했다. 가슴이 덜컹 내려앉은 어머니가 뒤를 돌아보았다. 외출했던 아들이 집으로 들어오는 길이었다. 어느새 아들은 방문을 열기 위해 문고리를 잡았다. 그 순간 어머니는 더 빠른 동작으로 아들의 손을 후려쳤다.

"열지맛!"

"……??"

"니 언릉 들어가거라."

아들을 보내놓고 어머니는 방문을 열었다. 예상대로 아버지의 눈동자는 뒤집히고 허연 흰자위만 보였다. 밖으로 빠져나온 혀를 보자 온몸이 오싹했다. 완전히 숨이 끊긴 것 같지가 않았다. 경미하지만 손발이 움직이며 경련이 일었다. 어머니는 누가 시킨 것처럼 자신도 모르게 방으로 뛰어들어 비키니장 지퍼를 갈랐다. 괴괴

한 한밤중에 지퍼 찢어지는 소리는 기겁할 정도로 크고 끔찍했다. 빛바랜 양복과 넥타이가 흘러 내렸다. 넥타이 하나를 집어 들었다. 아버지의 목덜미에 한 바퀴 돌려 감았다. 돌아서서 넥타이 잡은 두 팔에 힘을 모았다. 아무 반응도 보이지 않았다. 숨이 끊어진 것이 확실했다. 순간 쭈뼛한 기운이 느껴졌다. 어머니는 밖으로 나가려고 문고리를 잡았다. 그때 누군가 뒷덜미를 잡아채는 것 같았다. 한기를 느꼈던 어머니는 문틈에 있던 방망이를 집어 들어 머리통을 내리쳤다. 아버지는 이미 아무 움직임도 없었다.

"엄마!"

방안에서 허겁지겁 나오는 어머니 앞에서 아들은 짧은 외마디 소리를 질렀다.

"아직도 있었니?"

"왜 그랬어!"

아들은 어머니가 하는 행동을 모두 목격했다. 어머니는 아들에게 들키고 나서야 제정신이 번쩍 들었다. 자신이 지금 무슨 짓을 했는지 당황했다. 정신이 없었다. 제정신이 돌아온 어머니는 두려움에 휩싸여 어쩔 줄을 몰라 했다. 그때 희한한 일이 벌어졌다. 도무지 믿을 수 없는 일이었다. 그동안 말썽만 부리던 행동과는 정반대로 아들은 어머니를 안심시키고 부축했다. 놀랄 만큼 침착하게 대처했다. 아들은 아버지 시체를 아랫목에 얌전하게 눕히고 다락에서 병풍을 꺼내 시체에 두르고 어머니에게 곡을 하도록 시켰다.

"엄마. 아무 걱정 말고 내가 하라는 대로 하세요. 엄마는 아무것도 모르는 일이에요. 아버지는 저 대추나무에 스스로 목을 매고 자살을 한 거라고요."

"오, 아들아."

말썽만 부리던 아들이 저렇게 변하다니 도무지 자신의 아들 같지가 않았다. 갑자기 변하고 의젓해진 아들이 어찌된 영문인지 믿을 수가 없었다. 어머니는 어느 신보다도 장한 자신의 아들이 더 든든했다. 그런 아들에게 의지하고 시키는 대로 움직였다. 아들은 차근차근 계획을 세웠다. 아버지가 나무에 목을 맸고 자살한 흔적으로 알리바이를 만들고 시간을 맞췄다. 동네 사람들이 한잠 자고 일어날 적당한 시간을 선택했다. 그때쯤 곡소리를 내고, 사람이 죽었음을 자연스럽게 알리기로 했다. 계획이 차질 없이 진행되어 나갔다. 신속한 후속 처리를 마치고 나니 어머니는 마음이 놓였다.

"참 믿어지지 않는 일이네. 어머니가 아버지를 죽였다는 것도, 오빠가 어머니를 도와 뒤처리를 했다는 것도 내가 도깨비에 홀린 것 같아, 무엇이 오빠를 변하게 했을까?"

아버지 장례를 치르고 나자 오빠가 보이지 않았다. 어머니는 친구 집에 보냈다지만 정작 오빠가 집을 나간 것은 형사가 찾아와 오빠를 의심해서였다고 한다. 아들을 의심하는 형사들을 피신시켜 어머니는 오빠를 서울로 올려보냈다. 그동안 말썽을 부리고 망종만 부리던 오빠가 그 긴박한 시간에 나타나서 어머니의 큰 힘이 되어 주었다는 것은 정말로 믿을 수가 없었다. 그래서 못났어도 아들을 기둥이라고 하는 것일까.

형사가 어머니를 조이기 시작한 것은 아버지 장례식이 끝나고 한 달쯤 넘어서였다. 어머니는 아버지의 장례를 끝내놓고 평상시와 같은 일상생활을 했다. 물론 어머니의 입에는 자물쇠가 채워진 것은 말할 것도 없었다. 그러나 진실 앞에 거짓은 드러나기 마련인 모양이었다. 아버지를 죽여 놓고 둘러댄 어머니의 어설픈 알리바이가 처음에는 성공한 듯 먹혀들었지만, 언젠가는 진실은 거짓을 밀어내는 것이 진리의 이치인 모양이다. 사망 직후 찍어두었던 아버지 사체 사진에 나타난 상처와 의문점들이 뒤늦게 발견되었다. 처음엔 형사들이 도벽과 폭행을 일삼던 아들을 의심했다. 항상 건들대며 말썽을 피우던 아들을 의심했던 것은 당연했다. 그런 아들을 조사하겠다고 엄포를 놓으며 하루에도 몇 번씩 집으로 직장으로 찾아와 어머니를 괴롭혔다.

그렇게 어머니를 공포의 압박 밴드로 돌돌 감았다. 그래도 끝까지 입을 다물고 함구하려 했지만, 의심의 범위 반경이 점점 좁혀졌다. 형사는 아들딸들을 모조리 잡아다가 조사하겠다고 으름장을 놓았다. 그래도 완강하게 부인했지만 날마다 찾아와 쥐잡듯이 어머니를 닦달했다. 자백하지 않으면 죽은 자의 무덤을 파헤쳐 부검을 해서라도 물러서지 않겠다고 협박했다. 형사와 쫓기는 도망자는 막다른 골목까지 내몰리게 되었다. 그렇게 되자 도망자는 항복하지 않으면 총이라도 맞아 죽을 처지였다. 꼼짝할 수 없는 단서를 손에 쥐고 줄기차게 닦달하는데 어머니는 더 이상 물러설 수 없었다. 끝까지 시달렸던 어머니는 버티기 힘들었고 결국 자수를 결심했다. 그동안 드나들며 집안 사정을 알았던 형사는 동정심이 유발했고, 어머니에게 자수를 권유했다. 어머니는 죽으려고 했던 때와는 입장이 크게 달랐다. 막상 자수를 결심하고 보니, 자식들 걱정에 발이 떨어지지 않았다. 철 들려면 아직도 먼 나라인 큰 아들, 없는 살림에 배우겠다고 고집하는 큰딸, 이제 초등학교 들어간 두

아이. 동생에게 밀려난 두 살 배기 큰 애기. 태어난 지 육 개월을 조금 넘긴 쌍둥이 막내아들. 이 애들을 다 어찌할까. 차라리 그때 죽었으면 더 좋았다는 생각이 들었다. 그 안에 들어가 밥알을 목으로 넘기며 살 수 없을 것 같았다. 거지처럼 떠돌 아이들이 눈에 밟혀 애들을 어찌 두고 갈 것인지 눈앞이 캄캄했다.

어머니는 아픈 상념으로 뜬눈으로 밤을 지새웠다. 그 밤을 꼬박 새우고 다음날 밤 다시 생각했다. 다행히 자신을 도와줄 딱 한 사람이 생각났다. 그 길로 밤길을 나섰다. 자식을 돌봐줄 수 있는 사람을 찾아야 했다. 그래도 두고 가는 것보다 나을 것 같았다. 어머니는 단 하나 애들 피붙이인 시누이를 생각해냈던 것이다. 그날따라 물기 묻은 모든 것들이 얼어 터지는 강추위가 기승을 부렸다. 자정을 넘긴 그 시간 시누이를 찾아가는 어머니의 발길은 가벼웠다. 그러나 피붙이를 찾아가는 길은 호랑이굴로 들어가는 마지막 길이었다.

“이봐요, 아줌마, 아들 교육을 어떻게 시킨 거예요? 당신 아들이 우리 딸애의 옷을 홀랑 벗겨놓고 다락방에서 무슨 짓을 했는지 알아요, 전번에는 딸애 친구를 옥상에 데려가서 지랄병을 했다더니 이번에는 우리 애한테 그랬다고요.”

수만 가지 상념에 들끓는 가슴을 억누르려고 안간힘을 쓰던 나의 귓가에 웬 여자의 몰상식한 천둥소리가 들려왔다. 그때서야 나는 퍼뜩 정신이 들었다.

“미안해요, 내가 새끼를 잘못 키웠어요, 이따가 죽지 않을 만치 두들겨 팰 테니 그만 해요, 어린 것들이 노느라고 그랬겠지 뭘 알고 그랬을까요."

"그런 소리 말아요. 글쎄 사내들이 하는 행세를 그대로 따라 하더래요, 엄마가 하는 짓을 자세히 보았으니 알지 어떻게 알겠어요? 이번에는 내가 그냥 넘어가지만, 또 그 짓거리를 하는 걸 보면 동네에서 몰아낼 거라고요."

"미안해요 번번이."

"애를 데리고 술집을 하니 그 애가 뭘 배우겠어. 반반한 낯짝 하나 가지고 남의 남자 홀려 돈 다 발려 내더니 애새끼까지 그 모양이야."

그녀는 이웃집 여자가 퍼붓는 폭언을 듣고도 분노를 일으키지 않았다. 어떤 동요도 일어나지 않는 모양이었다. 늘 겪는 일상인 듯 했고 무안해하거나 조카딸 보기에 망신스럽다는 표정도 없었다.

"병신 새끼가 못된 것부터 배운다더니 지 애비 안 닮았다고 할까봐 그 짓이야. 꼭 닮았어. 꼭 닮아. 차라리 뒤져버리기나 하지."

"고모 년도 화냥년이라니까,"

그녀가 꼬마한테 내뱉는 욕설을 흘려들으며 그녀한테 화냥년이라고 호명하며 독설을 퍼붓던 늙은 무녀가 떠오르며 피식 웃음이 나왔다.

"새끼 하나 있는 것이 기집만 보면 꼴에 밝혀서 이 동네에서 쫓겨나겠어. 지 애비가 죽기전에 기집들만 보면 환장을 하더니만. 피는 못 속인다고, 지난번에도 동네 가시나 옷을 벗겨놓고 올라타고 염병하는 바람에 걔들 엄마한테 뒤지게 얻어맞았지 뭐야. 저러다가 이제 맞아 뒈지지."

그녀는 내가 들어 난처한 화제를 일부러 골라 꺼내서 자신의 곤

혹스러운 입장을 피하려는 속셈인 것 같았다. 맹한 머리가 나이가 들면서 잔머리 굴리는 곳으로 발달한 모양이었다. 그녀는 내가 알아챈 것도 모르고 자꾸만 자신의 추잡한 한탄을 이어 나갔다.

"지난번에도 동네 여자들이 한 패거리 몰려와서 성치도 않은 애를 내가 보는 앞에서 뺨을 갈기고 당장에 이 동네를 떠나라고 했었어. 애새끼 하나 데리고 먹고 살자고 술장사하는 것이 뭐가 그리 죄가 되는지. 툭하면 몰려와서 행패를 부리니 죄 많은 년이라 그런지, 그런 일이 있은 후부터 새끼를 밖으로 나가지 못하게 가두어 놓아도 어느새 나가서 계집애들만 보면 꼬드겨서 옥상이고 집안이고 들어가니 앞으로 어떻게 해야 할지 모르겠어."

"엄마 산소는요?"

내가 먼저 화제를 돌려 다른 말을 꺼내지 않으면 자신의 추잡한 신상 푸념만으로 밤을 새울 것 같았다.

"응? 너의 엄마 말이니? 저기 네 아버지 곁에 묻었다. 원망 들을까도 생각해 보았는데, 사실 따지고 보면 부부 아니냐?"

당신 목숨 당신이 끊은 것이나 다름없는 것 아니냐며, 나의 눈치를 흘끔 보았다. 이제 더 이상 그녀의 목소리만 들어도 구토증이 날 것만 같았다. 나는 자리에서 일어나지 않고는 견딜 수 없었다. 자리에서 벌떡 일어섰다. 그때 미닫이가 스르륵 밀리더니 작은 머리통이 하나 슬그머니 빠져나온다. 작고 창백한 꼬마의 얼굴은 설명을 하지 않아도 누구라는 것을 짐작하게 했다.

"저, 병신새끼가 왜 또 나와. 문 닫고 빨리 들어가. 여기 나오지 말라고 했지. 너 때문에 더 손님이 없어, 니가 여길 나오면 재수가 없단 말이야. "

난데없이 터지는 우렁찬 소리에 나는 소스라치게 놀랐다. 녀석은 욕설 같은 것은 개의치 않는 것 같았다. 그저 신기한 듯 나를 쳐다보며 왼쪽으로 틀어진 입을 열어 히쭉 웃는다.

'죄는 벌로 간다는 옛말이 틀리지 않아, 그년이 벌을 받았지.'

녀석의 뒤틀린 형상을 확인하자 내 귀에선 늙은 무녀가 지껄이던 말들이 퍼뜩 떠올랐다.

청어 『욕망의 혀』 수록작

# 한국대표서정수필선

소재수
안영호
안옥희
유제범
윤송석
홍만희

1. "선생님들 다 어디 가셨나요?"

2. 먹방시대 가고 쿡방시대 오다

## 소 재 수


· 서울상대 경제학과 졸 · 대학신문 편집, 제작

· 2012년 미소문학 시부문 등단

· 2015년 서정문학 수필부문 등단

· 한국문인협회 시분과회원

· 동인시집:『세발자전거로 가보는 사람세상』

『서정산문선1』 2019

## “선생님들 다 어디 가셨나요?”

“문제가 남느냐?”

“내가 남느냐?”

매주 일요일 저녁에 자칭 주간 방송사라는 KBS한국방송을 통해서 방송되는 ‘도전 골든벨’이라는 고등학생들을 위한 장학 퀴즈 프로의 오픈닝 멘트다. 이런 활기찬 멘트를 젊은 사회자와 학생들의 우렁찬 외침과 박수 속에 프로가 활기차게 시작된다. 내가 즐겨보는 TV 프로 중의 하나다.

몇 년 전부터는 아침저녁 할 것 없이 소위 지상파 방송국이라는 곳을 통해 방송되는 프로들이, 너무나도 국민 교육과 계몽과는 동떨어지는 이야기들 일색이어서 그나마 이제는 아예 야구 배구 농구 등 운동경기를 케이블 TV 방송을 통해 보거나 저녁 9시 뉴스로 하루 세상 소식을 듣고는 화면을 닫아 버린다.

그리고는 가능한 대로 챙겨보는 프로가 ‘도전 골든벨’, ‘우리말 겨루기’ 그리고는 ‘가요무대’ 등이다. 그러고 보면 따로 내야 하는 케이블 TV 요금이 아까운 생각이 들기도 하지만 눈으로도 따라가기 힘들고 가사도 도무지 못 알아듣는 소위 아이돌, 혹은 K-POP 등은 자연스럽게 멀리하게 되고 내가 좋아하는 프로를 편애하는 셈이 되었다. 위의 두 가지 한글 퀴즈 프로는 가끔은 글을 쓴다고 하는 내게 아주 친숙하고 때로는 깜짝깜짝 놀랄만한 지식을 일깨워 주기도 하는 아주 한 식구 같은 프로와 같이 여기고 챙겨보고 있다. TV를 자주 보는 분들은 다 잘 아는 바와 같이 '도전 골든 벨' 이라는 프로는 전국에 걸쳐 한 주일에 한 학교씩을 선정하여 순회하는 퀴즈 프로그램으로 선택된 학교에서는 백여 명의 학생들을 선발하여 쉬운 문제부터 난이도가 점점 어려워지는 마지막 50번째 문제까지 문제의 답을 맞히고 올라온 학생에게는 골든벨을 울릴 수 있는 영광과 장학금과 해외 연수 등 각종 혜택을 주는 일종의 장학 프로로서 골든벨을 울리는 학생에게도 영광이지만 그 학생을 열심히 교육한 선생님들에게도 은연중 어깨가 으쓱해지고 배출한 학교에도 '골든벨' 울린 학교라는 영예가 주어지는 프로다.

후반전으로 가면 난이도가 점점 높아지면서 문제를 보면서 정답을 같이 찾다가 보면 학생들의 실력에 깜짝 놀랄 때가 있다. 문제가 마흔 번째 문제를 넘어가면 역사, 문학, 음악, 과학, IT 등 다방면의 문제들이 출제되는데 학생들이 정답과 맞추는 것을 보면 나도 모르게 대단하구나 하는 감탄사가 절로 나오기도 한다.

또한, 아! 이들이 우리나라의 장래구나 생각하면 흐뭇한 기분에 젖기도 한다….

그러나 이런 감동만 있는 것만은 아니라 때로는 민망한 장면이 나오기도 한다. 예를 들면 가끔 출제되는 한자 문제는 출제자들도 고심한 듯 학교나 지역과 관계있는 단어 중에서도 한자능력시험 초급 정도의 쉬운 문제를 내는 듯싶은데도 출제가 되면 그 결과는 장내는 그야말로 초토화된다. 틀린 학생들이 우르르 일어서 패잔병들처럼 머리를 숙이고 응원석으로 기운 없이 몰려나가는 모습은 너무나 민망스럽기 짝이 없는 광경이 연출된다.

이때를 맞추어 심술궂은 카메라는 기다리기나 했다는 듯이 교장 선생님을 중심으로 모여 앉은 선생님들이 민망해하며 카메라를 외면하는 모습을 파노라마처럼 비추고 지나간다.

마치 '무얼 어떻게 가르쳐서 이런가요?' 하는 듯이 민망한 장면이 전개되기도 한다. 이 밖에도 엉뚱한 해답을 써놓고 사회자에게 코미디 같은 억지 대답을 하는 모습을 보면 어처구니가 없기도 하다. 그래도 우리의 희망은 있다. '골든벨' 까지 한두 문제만을 남겨 놓고는 대게 한두 학생이 남기 마련이다. 이때 때로는 사회자는 긴장을 풀어주기도 할 겸 최후의 일인에게 쏟아져 들어오는 SNS의 내용을 화면으로 보여 준다. 대부분 친구, 부모들 그리고는 "OO야 골든벨은 네가 꼭 울릴 것을 믿고 있다. 담임샘으로부터" 아니면 "OO야! 우리 학교의 자랑인 너는 골든벨을 꼭 울릴 것이라고 믿는다. OO야 아자!! 교장 쌤" 가끔 이 대목에서 나는 가슴이 덜컥하는 충격을 느낀다.

담임 선생님, 교장 선생님은 얼마나 바쁘시길래 '선생님' 자판을 두드릴 시간이 없으셔서 '샘, 쌤' 이라고 자판을 두드렸을까? 혹시나 해서 쓰기를 마친 후에 '한국어 맞춤법/문법 검사기' 에 검사를 의뢰하였더니 '선생님으로' 로 고치란다.

어떤 사람은 우리나라가 세계에서 IT 최강국이 된 것은 한글 자판의 덕이라고 말하는 사람도 있었다. 영어나 漢字자판을 살펴보면 그럴싸하게도 들린다. 해마다 한글날이 오면 우리글의 우수성을 귀가 아플 정도로 듣고 자란 우리다. 중고등학교 과정에서만이라도 우리글 바로 쓰기에 어디 가셨는지 모르는 선생님들께서 어서 돌아오셔서 "샘. 쌤" 들께서 더욱 앞장서 주시길 바라는 것은 허공중에 대고 외치는 바람이 아니었으면 한다.

최근 부쩍 늘어난 자막방송을 통하여 요사이 점차 심하게 왜곡되고 오염된 한글이 더이상 만신창이가 되어 중병을 앓고 신음하기 전에 간곡히 부탁하고 싶은 심정이다. 우리의 우수한 한글 사랑이 열매를 맺어 '도전 골든벨' 에 참여한 최후의 한 학생과 학생들을 열심히 지도하여 최종 선발된 '샘' 이 아닌 '선생님' 이 같이 50번 골든벨 문제에 도전하여 준비된 황금 종을 색종이 조각이 쏟아지는 속에 같이 타종하는 한여름의 폭풍우 같은 장관이 연출되는 광경을 꼭 한번 보고 싶은 것은 나만의 소망일까?

나만의 '한여름 밤의 꿈' 만이 아니기를…….

# 먹방시대 가고 쿡방시대 오다

"정말 맛있네요. 횡성 한우라는 말만 들어봤지, 여기 와서 직접 먹어보니 과연 느낌이 오네요. 입속으로 들어가자마자 살살 녹는 것이 씹기도 전에 어느새 목구멍으로 넘어가 버렸네요."

"음- 육즙이 장난이 아닙니다. 그대로 살아 있어요."

어김없이 양손이 어깨 위로 올라가고, 최고라는 표시로 양손의 엄지손가락을 힘차게 뻗으면서 앞으로 쑥 내민다. 엄지 척?

요사이 저녁 여섯, 일곱 시경만 되면 예외 없이 방송 화면에 등장하는 장면이다. 고기 굽는 냄새가 진동하기 전에 얼른 다른 방송으로 채널을 돌린다. 한적해서 왕래하는 사람이 없을 것 같은 산중턱에 어울리지 않는 현대식 가옥이 하나 등장하고 앞마당에는 자가용들이 즐비한데 음식점 문 앞에는 대기 번호를 들고 줄지어 있는 손님들이 보인다. 방송 카메라가 비집고 들어서면 홀 안에는 테이블마다 손님들로 가득 차 있고 땀을 뻘뻘 흘리는 종업원들이 음식 나르기에 바쁘다. 한 가족이 외식을 나온 모양이다. 이 테이블에도 커다란 단호박 한 덩이가 가족들의 박수 속에 도착하고, 종업원은 익숙한 솜씨로 단 호박을 일곱, 여덟 조각으로 잘라주고 간다. 단호박 속에서는 커다란 오리 한 마리가 벌거벗은 채 폭 익어서 쪼그리고 있다. 유황오리란다. 오리 안에는 토종닭, 또 토종닭 안에는 웅크리고 있는 메추라기 한 마리, 몸에 좋은 단 호박과 유황을 먹인 오리가 서로 만나 비교할 음식이 없는 그렇게 건강에 좋은 힐-링 요리가 되었단다. 여기에도 예외가 없이 감탄사가 튀어나온다.

"이것만 먹으면 한여름 아무 걱정이 없이 건강하게 날 수 있거든요. 그래서 우리 식구들은 매년 단 호박 유황오리 황토 구이를 먹으러 옵니다."

"어디서 오셨는데요?"

하는 물음에, 여기서부터 100킬로미터는 됨직한 지명을 댄다. 아마 차로도 두어 시간은 될성싶 다. 나오는 길에 언뜻 보이는 조그만 간판에는 'OO 방송국이 선정한 맛집' 이라는 글귀가 보인다. 이번에도 혹시나 하고 다른 방송으로 채널을 돌려본다. 여기도 손님들이 가득한 음식점이 나온다. 이번에는 실내 장식이 좀 고풍스럽다. 몸에 좋은 채소인 버섯으로 요리하는 웰빙(참살이) 식단이란다. 이름도 생소한 노루궁둥이버섯 등 여덟 가지의 버섯에다가 집에서 할머니 때부터 대대로 물려받은 비법으로 만들었다는 두부가 어울려 푸짐하게 전골냄비에서 끓고 있는 모습이 클로즈업된다. 이젠 채널 돌리기도 귀찮아진다. 돌려 보아야 아마 모르긴 몰라도

"온통 바다가 몽땅 입으로 들어온 기분입니다."하며 엄지손가락 내밀며 감탄하는 밑에서는 각종 해물과 조개들이 산같이 쌓여 부글부글 끓는 위에 꿈틀거리는 낙지 한 마리가 뜨거워 요동치는 장면이 나올 게 뻔해 보여서 이리저리 채널을 돌리다 마침 야간 프로야구 중계에서 멈춘다.

사람이 생명을 유지하며 살아가는 데 먹는다는 것은 필수 불가결의 행위이며 결코 생략될 수 없는 의미를 지닌다. 인간이 살아가는 데 3대 요소를 의식주衣食住라고 하지만 그 중에도 옷衣이나 집住이 없이는 악조건이기는 해도 생명에는 지장이 없지만, 먹는 것이 없다는 것은 바로 죽음을 의미하기 때문에 사람이 '목숨을 부지하기 위해서'는 이와 견줄 것이 없다고 하겠다. 하지만 매일 저녁 방송국마다 경쟁적으로 전국 방방곡곡을 뒤지고 다니면서 대박 난다는 음식점을 찾아서 음식의 종류만 빼고 나면 똑같은 포맷의 방송을 방송국마다 경쟁적으로 연출해야 할까? 하는 생각에 이르면 나는 결코 긍정적인 쪽의 손을 들어 주고 싶지는 않다.

여기서 문득 오래전 군 복무 시절의 식사시간이 떠오른다. 취사장의 메뉴판에는 거의 매일 밥, 국, 그리고 몇 가닥의 김치와 며칠에 한 번씩 돌아오는 꽁치국이나 소고깃국이 적혀 있지만, 문제는 소고깃국이 문제였다. 어찌 된 영문인지 소고깃국에 소고기는 잘 보이지 않고 기름만 그릇 가에 맴돌고 있어 스테인리스 식기 세척만 힘들게 하고 있기 때문이었다. 그래서 그 시절 우리는 이국을 '황우도강탕黃牛渡江湯' 즉 황소가 건너간 국이라는 자조 섞인 농담들을 주고받았다.

이제는 세계 10위권 경제 대국이라는 자부심 하나로, 지긋지긋하게도 가난하여 보리밥도 배불리 먹지 못했던 이야기는 남의 나라의 일인 것처럼 기억 속에서 지워버리고, 정신적인 풍요와 정서적인 문화를 즐기면서 넉넉한 여가와 맛을 즐기는 시대가 되었다. 그런데도 이런 풍요롭고 행복감에 가득 찬 화면을 보는 마음이 선뜻 같이 어울려지지 않고 마음 한구석이 허전한 것은 무슨 까닭일까?

"밥알 하나라도 수챗구멍으로 나가면 천벌을 받는다."라든가, 혹은 천정에 굴비 한 마리를 매달아 놓고 온 식구가 둘러앉아 밥을 먹으면서 두 번 쳐다보면 밥을 많이 먹게 되니 한 번씩만 쳐다보라고 야단을 쳤다는 '자린고비'의 이야기가 생각나서일까? 정신없이 속도를 내고 변하는 세상일에 뒤처지고 있는 나이 때문일까? 이런 생각이 들면서 조금은 짜증 섞인 소리로

"에이, 어떻게 방송마다 먹는 이야기뿐이야." 하며 방송 채널을 이리저리 돌리는데, 요즈음 이런 '먹방 시대'가 대세라고 하는 이야기를 손자들에게 듣고서는 처음에는 무슨 말인지 몰라 어리둥절해서 하는 나를 보고, 스마트 폰에 얼굴을 파묻고 있던 한 녀석이, "먹는 방송도 몰라요? 맛있는 거 찾아 소개해주는 방송을 '먹방'이라고 하는데요. 그래서 요새는 '먹방 시대'라고 하잖아요?" 하는 말에 대꾸할 말을 찾지 못했다. 하지만 조금만 눈을 돌려보면 먹방 만세만을 부를 수 있을까? 하며 햇빛 비추는 양지 바로 옆에는 그늘진 구석이 있음을 발견하게 된다.

뉴스 시간에는 자주 지구촌의 가뭄 소식이 걱정스럽게 전해진다. 끝이 안 보이는 광활한 평야에 가뭄으로 모든 작물이 말라 죽고 땅이 쩍쩍 갈라지는 황폐한 모습과 함께 내년에 엄청나게 올라갈 곡물 값이 걱정이라고 한다. 한편에서는 때 아닌 홍수로 작물을 심은 곡창지대가 폐허가 되었다는 걱정 섞인 소식도 전해진다.

때로는 어마어마한 메뚜기 떼가 끝없는 광야의 농작물을 단시간에 휩쓸고 지나가 열매 없는 가지들만 저녁노을에 유령처럼 축 처져 있는 모습이 지구의 종말을 보는 것처럼 온몸이 소름이 끼치기도 한다.

급기야는 식량 부족에 대비해서 GMO*를 이용한 유전자 변형으로 대량 생산한 곡물들이 유통되기에 이르렀고, 벌써 상당한 수준으로 우리는 먹고 있는 현실이다. 아직 완전한 검증도 거치지 않았지만, 아직은 안전하다는 막연한 이유만으로 우선 우리들의 양식으로 공급되고 있다. 앞으로 몇십 년 후에 GMO로 인한 불행한 부작용이 어떤 형태로 나타날지는 아무도 자신이 있게 주장하는 사람도 없고, 책임 있게 답을 하는 사람도 없다. 현재의 식량 부족을 해결할 대안이 없고 그만큼 시급한 것이 현실이다. 그렇다고 맛을 찾아 소개하고 즐기는 것을 비난하거나 반대하는 것이 옳다는 이야기는 절대 아니다. 다만 햇볕 내리쬐는 운동장의 한구석에 응달진 구석도 때로는 관심을 기울여야 하지 않을까? 휴전선 저쪽에는 수많은 동포가 배가 고파서 굶어 죽고 있다는 소식이 끊임없이 들리고, 뼈만 앙상한 '꽃제비' 들의 참상이 보도되고, 얼마 전에 성황리에 상영된 영화 '설국열차' 에서는 맨 뒤 칸의 불쌍한 집단들의 식량으로 쓰기 위해 대량으로 기르는 바퀴 벌레떼를 보고 소름이 끼친 일이 있지 않은가?

* GMO : Genetically Modified Organism 생명공학 기술을 통하여 조합된 유전물질을 포함하고 있는 생물 개체.

후각을 자극하면서 지지고, 볶고, 삶아서 저녁 밥상을 맛있게 만들어 주고 나서는 불과 한두 시간 뒤에는 전 세계의 식량 부족을 걱정하는 소식을 전해 주면서 대체 식량으로 연구되고 있는 징그러운 벌레들을 보여주며 입맛을 싹 버려놓는 심보는 대체 무슨 심보일까? 하며 한 곳을 돌리니 이번에는 낯익은 탤런트가 직접 출연하여 앞치마 두르고 직접 요리를 하고 있다. 이제는 '요리방송 시대' 란다. '먹방 시대' 는 서서히 가고 '쿡-COOK-방 시대' 가 왔다는 신호랄까? 하기야 더 들춰낼 먹방 거리도 없을 테니까.

다시 돌린 야구 중계 화면에서는 때마침 답답한 가슴을 알고 있다는 듯이 박병호 선수가 때린 하얀 야구공이 보석처럼 밤하늘에 포물선이 되어 석양이 불그레하니 물 들어가는 담장 위를 아름답게 훌쩍 넘어간다. 냉장고 속에 차게 해놓은 시원한 찬물을 한 컵 시원스럽게 벌컥 벌-컥 들이킨 듯 속 시원한 맛이다.

"와 - 홈런!"

1. 갈대는 내 삶의 멘토

2. 털머위 사랑

# 안 영 호

· 한국서정문학작가협회 회원 · 서정문학운영위원
· 한국본격수필협회 회원 · 강진문인협회 회원
· 시집 : 『머물고 싶은 세월』, 『세상살이 엿듣기』, 『우리 꽃 야생화 잔치』
· 수필집 : 『가르치며 배우고 배우면서 가르치고』
· 자서전 : 『CEO 시작해서 마무리까지』

# 갈대는 내 삶의 맨토

춥지도 덥지도 않은 청명한 날씨에 곡식과 과일이 무르익고, 만산홍엽의 풍경이 더없이 아름다운 가을을 가리켜 결실의 계절이요 수확의 계절이며, 고독의 계절이요 남자의 계절이라고 말들을 한다.

가을이 깊어질수록 농익은 단풍잎들이 한 잎 두 잎 떨어지는 걸 바라볼 때면 내 마음 또한 가을의 색깔만큼 성숙해 가는 것 같아서 인지 계절 중 나는 가을을 좋아한다.

가을이 덧문을 열면 왠지 모르게 마음이 싱숭생숭해져 어디론지 떠나고 싶고, 누군가를 만나서도 자신의 고독을 쉽사리 털어놓지 못 하면서 외로움에 빠지고 싶어 하는 심리적 변화가 여자에 비해 남자가 더 많은 데다 깨달음이 마치 남자의 넓은 가슴과 같다는 생각에서 가을을 남자의 계절이라고 말하는 것 같다.

내 고향 강진만에 길게 늘어선 갈대숲 둑길은 낮이면 아이들이 뛰놀며 수다를 떨던 놀이터요, 밤이면 어른들이 뚝길에 둘러앉아 이야기를 나누던 사랑방이었고, 사랑을 갈망하는 연인들에게는 훌륭한 데이트 코스였던 유년의 기억들이 생각난다.

갈대꽃은 '노화'라 하여 고급 빗자루의 재료가 되어 사랑을 받고, 노랗게 마른 가을 갈대는 토담집 울타리로 엮어내거나 지붕을 덮기도 하였으며 화력이 좋아 땔감으로 다양하게 우리들 생활에 이용되어서인지 '춤추는 강진만 갈대축제'가 열리는 10월이면 내가 살던 옛집도 둘러보고 반가운 친구나 친척을 만날 수 있다는 생각에 축제일을 기다리는 마음이 마치 소풍날을 기다리는 초등생처럼 마음이 설레었다.

봄의 초입까지 온갖 생명을 품고도 갯벌이 썩지 않는 갈대의 발에 봄의 영혼이 입을 맞추면 발등에서 어미 갈대가 어린 갈대에게 젖을 물리고 있다. 새싹을 쏘-옥 밀어 올리는 순간도 아름답지만 가을이 깊어질수록 탐방로를 따라 뱀 허리처럼 길게 늘어선 갈대숲에 감투 모자를 쓴 말을 탄 무리들이 바람과 눈부신 햇살을 받아 머리를 푼 갈대가 광활한 해안선을 따라 달리며 휘청거릴 때 놀란 철새떼들이 비상하는 자연경관에 모두들 탄성을 자아낸다.

봄과 여름엔 초록으로 가을과 겨울에는 황금빛으로 갈아입는 센스있는 갈대에게 가끔 바람이 농을 걸어올 때면 손을 흔들면서 서걱거리 모습이 마치 여인네가 교태를 부리는 것 같다는 편견으로 흔히들 "여자의 마음은 갈대와 같다."고 빗대어 하는 말이지만 역으로 생각해보면 꺾이지 않으려고 넘어질 듯 넘어질 듯 흔들리면서 일어서는 강한 뿌리를 지닌 지조와 절개의 심지가 깊은 내면을 모르는 오해에서 생긴 말이라 생각된다.

갈대숲으로 찾아드는 짱뚱어나 게, 철새들에게 가진 것 다 내주며 근심 걱정 들어주고 품어 안아주면서 세상살이 이야기에 밤새해도 못 다 할 소설같은 얘기들로 웃음꽃을 피우던 갈대꽃이 허리가 휘도록 휘청거리면서 오가는 길손들을 붙잡으려고 연시 고객을 숙이자 나도 공감한다는 듯 고개를 끄덕이며 맞장구를 쳤다.

바람은 갈대가 없으면 울 수 없고 갈대 또한 바람이 없으면 울 수 없다는 듯 서로 간 몸을 부딪치면서 군무를 연출하는 것은 누군가에게 사랑받고 싶어 깔깔 웃다가도 때론 사소한 오해로 인한 편견과 외로움에 마음이 아파서인지 꺼이꺼이 울면서 애틋한 심정을 토해내고 싶어 내게 다가와 손을 내밀 것 같아 가던 발걸음을 붙잡는다.

긴긴 여름을 모진 비바람과 태풍을 견뎌내려 사투하더니 가을이 깊어지자 피곤해 지친 어미 갈대는 자연으로 돌아가기 전 모든 걸 어린 갈대한테 쏟아붓고, 요동치는 바람에 젊은 날의 고뇌와 욕정에 젖은 몸을 말리면서 종일 갈색 손수건을 흔들어 보이는 게 아직도 사랑할 일이 남아 있는 것 같아 애잔해 보인다.

겨우내 모진 비바람과 눈보라에 서러움을 머리에 이고 살랑살랑 춤추며 세상을 내다본 갈대가 봄이 되면 돋아난 새순이 줄기에 뻗쳐 오른 때면 단단히 붙잡고 있던 갈대꽃이 살면서 남긴 오점이나 흉허물을 보이지 않으려고 뚝- 떨어져 자연으로 돌아가는데 대부분 사람들은 권력이나 재력에 눈이 어두워 대물림하려고 손에 쥔 것을 놓지 않으려다 종국에는 사회에 지탄을 받고 비참한 최후를 맞는 경우를 볼 때마다 탐욕에 어두운 인간들과 대조적이다.

왜 사람들은 욕심을 버리지 못해 미련을 갖고 붙잡아 두어 비참한 종말을 맞이할까? 작금의 우리 사회에 만연된 갑질의 횡포나 고질적인 정치풍토를 보면서 때가 되면 저절로 떨어지는 갈대의 진리를 생각해 보니 부끄러운 삶에 잔잔한 가르침을 남긴다.

돌이켜 생각해보니 성숙해진 삶을 살고파 세찬 바람에도 꺾일 듯 꺾일 듯하면서도 굽힐 줄 모른 갈대처럼 꺾임 없는 세상이 올바른 세상이요, 꺾임 없는 사람이 진정한 사람이라고 일깨워 주면서 모든 걸 품어 안고 더불어 살며 흉허물을 보이지 않는 '인동초'의 삶을 살라고 가을바람이 갈대와 내 몸을 간지럽힌다.

갈대숲길을 걷다 아쉬움을 달래며 귀가하려니 자신을 잊지 말고 내년에도 다시 오라는 듯 갈색 손을 흔들면서 배웅한다.

## 털머위 사랑

야생화란 산과 들 그리고 바닷가에서 자라는 동안 사람들의 손길이 닿지 않아도 스스로 성장하여 꽃을 피우고 열매를 맺게 하였으니 그 고초가 애잔한 모습에 인고의 흔적이 역력히 배어있다.

우리나라에는 약 4,000 종의 야생화가 서식하고 있다고 한다.

어디서나 흔히 볼 수 있는 야생화는 장미처럼 향기롭고 화려하거나 아름답지는 않지만 지천에 피어있는 야생화를 그냥 지나치면 아무것도 아닌 풀꽃이지만 조금만 허리를 낮추고 관심 어린 눈으로 바라보면 은은한 향기와 아름다움을 느낄 수 있으니 자세히 보아야 예쁘고, 오래 보아야 친근감이 들어 보면 볼수록 매력에 푹 빠져들게 한 것은 나만의 생각이 아니라 생각된다.

고운 단풍잎이 한 잎 두 잎 떨어지고 서리가 내리면 야생화와 대부분의 꽃들은 시들어 버리는데 털머위 꽃은 강인한 생명력으로 노란 둥근 달처럼 탐스러운 꽃을 피우면서 한 해를 마무리하는 것 같은 애잔한 생각에 아쉬움과 가을 정취에 흠뻑 빠져들게 한다.

털머위라는 이름은 잎의 앞뒷면에 털이 많이 나 있고, 모양이 '머위' 의 잎을 닮고 '크다' 는 말이 합성하여 '털머위' 라 부르는데 일설에는 바닷가에서 자란다며 '갯머위' 라 부르고, '곰취' 잎을 닮았다하여 '곰취머위' 라고 부르고 있다.

털머위는 누군가 가꾸지 않아도 멋대로 자란 국화과 여러해살이 풀로 제주도와 울릉도 그리고 남해의 섬 지방에서 반그늘지고 물 빠짐이 좋은 토양에 군락을 이루어 서식하고 있다.

'다시 찾은 사랑'이란 꽃말은 서리와 찬바람에도 삶의 의미를 되새겨주고 일깨워주면서 듬직한 버팀목으로 사랑을 다시 찾을 수 있다고 생각해서 붙여진 말인 것 같다.

가을이 접어들면 호들갑을 떠는 봄철의 꽃보다 은은하게 피어난 다정하고 다감한 이름 모를 꽃들이 가을바람에 흔들리며 교태를 부린 앙증한 손짓으로 시심을 자극하면서 산행인의 마음을 끌어당기듯 유혹한다.

그중에서도 유독 나의 시선을 끈 털머위 꽃은 그 색깔이 호들갑스럽거나 야하거나 화려하지 않은 순수한 꽃을 보노라면 코끝에 스멀댄 향기와 털머위의 시선에 끌려 가을의 정취에 취하게 하고 크기와 모양에 놀라게 하면서 모든 걸 주고도 더 줄 게 없는가 걱정하는 생각이 들어서인지 모르지만 보면 볼수록 어머니의 사랑이 담긴 꽃 같아 늦가을의 정취에 잠겨 행복을 느끼고 한다.

쌍떡잎식물인 털머위 잎은 사람들의 심장을 닮고 가장자리가 톱니바퀴처럼 두꺼운 잎에 기름을 발라놓은 듯 번질번질하고, 얇은 망사를 닮은 갈색 털이 촘촘히 붙어있는 것으로 보아 매서운 추위를 견뎌내는 삶의 지혜를 지닌 꽃이라 생각된다.

털머위는 짓밟혀도 쓰러졌다가 오뚝이처럼 일어서서 살아가는 강인한 생명력을 보이며 매서운 서리에도 잎과 줄기를 털털거리면서 9~11월경에 우산 모양으로 많은 꽃송이를 피우고 열매를 맺게 하는 꽃은 보면 볼수록 애잔한 생각이 들어 눈물이 날 것 같은 정겹고 아름답기 때문에 사랑을 받는 꽃이 아닐까 하는 생각이 든다.

어느 시인의 말처럼 '풀꽃도 자세히 보아야 예쁘고, 오래 보아야 사랑스럽다.' 는 진의를 깨달았다.

우리들에게 아름다움과 희망을 주는 털머위 꽃은 조금만 관심을 갖고 보살피면서 야성만 좀 다듬어주면 도로변 가로수 아래나 공터, 그리고 공원 등 장소를 가리지 않고 누구나 가꿀 수 있는 야생화 이기에 재배하고 관찰하면서 아름다움을 느낄 수 있도록 널리 심어지기를 희망한다.

1. 손

2. 손난로

# 안 옥 희

· 문학사랑 회원
· 2009년 서정문학 시부문 신인상
· 문학광장 수필부문등단(52기) 2016년
· 서정문학 운영위원
· 시집 : 『깊은 밤 외로운 달』

# 손

손안에는 나이와 고생과 건강과 인생이 들어있다. 손만 보아도 도시에서 편하게 산 사람인지 육체노동을 많이 한 사람인지 안다. 사람의 몸 어느 부위든 다 중요하지만, 손은 사람을 완성품으로 만드는 가장 획심적인 부분이다. 그러기에 머리는 인간을 만들고 손은 인격을 만드는 셈이다. 손이 험한 사람은 머리가 부지런히 일을 시켰기 때문이다. 한 마디로 머리는 주인이고 손은 머슴인 셈이다. 사람이 하고 싶은 일, 가고 싶은 곳, 누리고 싶은 것을 다 하지 못하고 환경에 따르는 것은 머리가 인생길을 조목조목 인도해 주기 때문이다. 그러기에 손금만 보아도 사주팔자 길 흉 화 복이 다 보인다는 것이다. 재물운, 건강운, 자식운은 모두 손안에 담겨 있다고 한다.

사촌 오빠가 장가가던 날, 문밖을 나서는 동네 사람들이 한 번 일색은 다 있다는데 어찌 저리 신부가 못생겼을까, 그 말에 신경이 벌떡 일어선다. 도대체 어떤 사람일까, 얼른 안방 아랫목에 서 있는 새색시를 본다.

입은 툭 튀어나왔고 피부는 시커멓고 광대뼈는 계란 반쪽 붙여 놓은 것처럼 불거졌고 화장도 안 한 맨얼굴, 참으로 이조시대 여인 같다. "언니 변소 가고 싶지 않으세요? 저쪽인데 다녀오세요. 오실 때 화장도 하고 오세요." 신부가 방으로 들어왔다, 얼른 얼굴을 쳐다보니 차라리 안 하니만도 못한 얼굴, 푸르딩딩하고 화장이 들떠 영 이상하다.

이젠 어쩔 수 없이 그냥 두는 수밖에.

다음날 작은 집을 나오면서, "언니, 화장에 신경 좀 쓰셔, 기초화장을 잘하시면 화장이 잘 받을 거예요." 당부하고 일 년 뒤 작은댁에 가 보았다. 시커멓고 자리틀 같은 얼굴이 통통하게 살이 올랐고 뽀얗다. 튀어나온 광대뼈도 없고 완전 딴 사람이다.

올캐언니는 담배농사 축산업 고추농사까지 연로하고 편찮으신 부모님을 대신해 소같이 일을 했단다. 가족들의 생계를 주렁주렁 달고 결혼 전날까지 담배 출하하는 날이 다가와서 어쩔 수 없이 일을 하지 않고는 안 되는 입장이란다. 아직 가을걷이를 못해서 밤늦도록 일해놓고 아침에 화장도 못하고 부랴부랴 시집을 왔다는 것, 그래도 나직나직이 정감 가는 음성, 눈으로 웃는 미소가 마음을 당겼다.

숙모님, 우리 며느리는 잠시도 그냥 시간을 버리지 않는다. 매일 끓인 쌀뜨물에 세수를 한단다. 미인은 아니더라도 미운 얼굴 또한 아니라고 은근한 자랑, 호기심이 일게 했다. 시간표를 정해놓고 반찬 만드는 시간, 의상 만드는 시간, 들일 하는 시간, 미용하는 시간을 잘 활용하여 철저한 삶을 산다는 것, 며느리 곁에 가면 특이한 향내가 난다. 사람이 다 거기서 거긴데 파고 들수록 기이할 정도로 끌린단다.

사람을 고를 때는 손을 보라고 얼굴이 예뻐도 손이 좋지 않으면 안 된다는 것. 곱고 깨끗하다고 좋은 손이 아니란다. 며느리 선 볼 때 다른 건 아무것도 보지 않고 복진 손 그 하나만 보고  단번에 허락했다는 숙모님, 우리 며느리는 몸 사리지 않고 남을 배려할 줄 아는 사람, 겉에 발린 아부보다 꿋꿋한 의지와 고매함이 보인다고 한다. 시집온 지 삼일 째 되는 날부터 부엌살림, 들살림 할 것 없이 궂은 일을 기계처럼 해치우는 여장부란다.

시부모님 반찬도 오대 영양군이 다 갖추어진 식단, 두부하고 콩나물 기르고 청국장 띄우고 수정과 담고 약과 만들어 간식으로 드린단다. 좋아하시는 멸치, 김, 소고기, 조기를 떨어지지 않게 매일 다르게 조리하여 반찬으로 제공하며 아침마다 문안인사, 저녁마다 잠자리 봐 드리는 효부 중에 효부란다. 한복까지 부모님 몸에 맞게 척척 만들어서 입혀 드린다.

동네에 초상이 나서 수의가 없다면 직접 만들어서 선물한단다. 그러니 안동댁 며느리 잘 봤다고 칭찬이 끊이지 않았다. 별난 시어머니가 며느리한테 빠져서 나보다 며느리 더 잘 본 사람 있으면 나와 보란다. 어느 누구도 감히 건드리지 못하는 골목대장 시어머니가 이처럼 입에 침이 마르게 칭찬하는 데는 그만한 이유가 있다.

불과 5일 차이로 바로 아랫집도 며느리를 보았다. 그 집 며느리는 막내딸로 아무것도 해 보지 않고 온실 속 화초처럼 자라서 시집 온 여인이다. 곱게 화장을 하고 손톱에 매니큐어도 하고 고급스런 옷에 시집올 때 예물도 많이 해 와서 시어머니가 입이 밤송이처럼 벌어졌다고 한다.

작은어머니의 말씀, "그 집 며느리는 손이 곱긴 한데 길죽하고 핏기도 없고 손톱에 반달도 없어 영 맵시가 없다는 것, 나는 그런 며느리 열 주어도 내 며느리와 안 바꾸어, 그런 사람이 과연 산골 살림살이를 얼마나 잘할지 나는 안 봐도 훤히 다 보이네."

정말로 하는 일마다 실수투성이, 아침밥 하나 맡기지 못 한다고 투덜대는 그 집 시어머니의 넋두리를 작은어머니는 아주 고소하고 재미있게 듣고 있다. 당신 며느리 못생겼다고 자존심을 많이 건드렸기 때문이다. "왜 며느리 잘 봤다고 자랑이 서 말일 때를 잊었는가?" 하며 조롱하는 우리 숙모님.

사촌오빠는 아내가 한 번도 화내는 걸 본 적이 없고 막말 한 번 하는 것을 본 적이 없다고 저 사람한테 비하면 나는 짐승이란다. 이제는 칠순을 넘긴 노인이지만 아직도 새색시처럼 사근사근한 말씨 상대의 가시 돋힌 말을 확 뒤집어 웃게 만드니 미워할 수가 없다고 한다. 숙모님을 대변하면 손은 그 사람의 내시경이라고 한다. 며느리는 박토에도 뿌리내려 꽃피우니 주변 꽃들도 꿀맛을 보게 하는 사람, 우리 집에 딱 맞는 맞춤형 며느리란다. 가끔 경조사 때 언니를 만나면 손부터 본다. 통통하고 두툼한 데다 볼록볼록한 빨간 손톱, 뿌리 끝에 반달이 반 정도 있는 그 손을 가장 후한 값을 쳐서 사고 싶다. 이왕이면 주인인 머리까지도…….

# 손난로

아파트 모델하우스에서 휴지와 손난로를 받아 와서 서랍 속에 넣어놓고 잊고 살았다. 사람들이 종종걸음을 치고 두툼한 목도리가 목선이 안 보이게 자리를 잡았다. 손도 외투 주머니 속으로 들어갔다. 귀가 시리고 하얀 입김이 날린다. 불현듯 스치는 손난로, 서랍속을 뒤진다. 포장을 뜯고 조물조물 만지니 어머니 젖가슴처럼 말캉말캉 따스함이 한 손 가득 전해온다. 쪼르르 혈관을 타고 온몸 속속들이 방사된다

어릴 때 추위의 늪은 너무나 무섭고 강력했다. 여기에 맞장구치는 바람은 얼음장 같은 볼을 만져보고는 더욱 기세등등 동네방네 설치고 다녔다. 날짐승들도 양지바른 곳을 찾아 모여들고 바람이 자는 방앗간에서 모이도 먹고 털을 고른다. 문만 열면 기다린 듯 밀치고 쳐들어오는 바람, 따뜻한 아랫목에서 몸을 녹이고 보들보들 착해져서 퍼덕이던 날개를 접고 식구들과 동화되었다.

이십 리 학교 길은 넓은 저수지를 돌아와야만 했다. 추위가 온몸을 갈기갈기 찢으며 앙칼지게 할퀴었다. 학교 도서관을 담당하던 나는 매일 전교생이 다 가고 난 뒤에야 집에 올 수 있었다. 어둠이 사방에 깔리고 집집이 호롱불이 켜지는 시간 유리알 같은 얼음 속에서 꾸룩꾸룩 물 우는 소리가 유독 크게 들린다. 벽돌같이 두꺼운 얼음장이 쩍쩍 갈라지는 소리가 공명으로 울려 퍼져 더욱 새

가슴이 된다. 산비탈에서 흙이 우르르 쏟아지면 내 바람에 놀라 머리끝이 서곤 했다. 회오리바람이 몰아칠 때면 작은 모래가 입으로 눈으로 들어와 찔레나무 덩굴 속에 들어온 듯 따가웠다.

얇은 고무신에 나이롱 양말 칼바람 몰아치는 저문 길을 혼자 돌아올 때면 뒤에서 누가 잡아당기는 듯 몸도 마음도 얼어 있었다. 매일 긴장을 한 무더기 안고 살아가지만 학교 가는 것은 재미있었다. 눈이 수북이 내린 날 아침, 찬 바람은 눈보라와 합작해 쌩쌩 몰아치고 폭군이 되어 덤벼들었다. 물 묻은 손이 닿으면 문고리까지 알아보고 쩍쩍 달라붙어 놓아주질 않는다. 소죽 끓이는 아버지 앞에서 불을 쬐면 얼굴이 게딱지처럼 빨갛고 참 따뜻했다. 어디서 숨어있다 나왔는지 게으름이 사록사록 고개를 들고 낼름거린다. 학교 가기 싫다.

아침을 먹고 해가 중천에 떠올랐는데 아궁이 앞에서 고구마 구워 먹고 시커먼 입을 비비며 미적대고 있었다. 아버지가 왜 학교 안 가노?" "추워서 가기 싫어요."

"걱정 마라, 마루 밑에서 동글납작한 돌을 꺼내서 아궁이에 묻었다." 방금 소죽 끓인 아궁이는 벌건 불이 이글거리는 용광로였다. 돌은 금방 만지지도 못 할 정도로 뜨거워졌다. 찬물에다 잠깐 넣었다가 꺼내서 "추위 이놈 우리 딸한테 덤비다간 가만두지 않는다." 하시며 수건에다 돌돌 말아서 내게 들려주셨다. "가다가 식으면 수건 한 겹씩 벗기면 따뜻하다."

학교 마치고 올 때는 교실 난로에 데워서 가지고 오면 된다고 하셨다.

아버지 말씀대로 추위란 놈이 말캉하게 구워져 나긋나긋해졌다. 그 돌을 배에다 푹 파묻고 얼굴에다 대기도 하고 이 손 저 손 옮기며 학교길을 줄였다. 친구들이 춥다고 난리다. 내일 할배 제사인데 떡 갖다줄 테니 빌려 달라고도 했다. 별 볼 일 없는 돌도 이렇게 유용하구나 생각하면 우쭐하기도 하고 학교길이 좀 편안해졌다. 못된 추위도 손가락 사이로 빠져나가고 남의 살 같던 손이 온기가 돌고 시리지 않았다. 한참을 가다 한 겹 한 겹 벗기고 나중에는 돌을 맨손에 들고 수건은 얼굴에 두르면 그나마 추위를 덜 느끼게 되었다.

오십 년 대 후반, 육십 년 대 초반, 전쟁을 치른 나라는 가난이 두껍게 내려앉은 농경사회 산골 빈민촌은 문명이란 자체를 모르고 하루 세 끼 밥 먹을 수 있는 것만도 축복받은 때였다. 치마 저고리, 허리에 책보 질끈 동여매고 뛰어가면 도시락은 고추장과 비빔밥이 되었고 간물이 나와 책이 벌겋게 젖어 있었다. 뒷산에 고즈배기 한 책보씩 해 오면 영하 4도라고 난로 피우라는 말씀, 연기가 교실 가득 매워서 눈을 못 뜨고 도시락이 얼어서 숟가락이 들어가지 않았다.

난로 위에 너도나도 서로 얹으려고 하니 선생님은 아예 아무도 못하게 하셨다. 설상가상 책상도 없이 맨바닥에 앉아서 공부하려면 엉덩이가 시려서 책을 나란히 깔고 그 위에 수건을 깔아 요긴한 방석이 되곤 했다. 학교 갔다 오면 멀겋게 언 발이 스멀스멀 부어올랐다. 어머닌 콩 자루를 아랫목에 두고 거기에 발을 넣으라고 했다. 그렇게 동상은 오랫동안 나를 괴롭혔다. 그래도 아버지의 지혜 덕택에 덜 춥게 학교를 다닐 수 있었고 아버지의 사랑을 이제야 느낀다

칠순을 넘긴 지금은 변해도 너무 변했다. 눈덩이에 굴러도 춥지 않을 기능적인 방한복, 무릎까지 오는 롱부츠, 털이 가득 들어있는 신발, 거기에 학교 앞까지 자가용에다 금지옥엽이다. 그도 아니면 대중교통, 걷는 이가 없다. 아파트 헌 옷 수거함에 버려진 옷과 신발, 그것을 보며 생각한다. '이런 시대에 행복지수는 낮다니 무슨 이유일까?' 이 겨울 말캉한 손난로 조물거리며 늙은 날개 펼쳐본다.

1. 병원

2. 사발시계 하나 사 드릴 걸

# 유 제 범

· 공기업 정년퇴직 9년차

· 2015년 서정문학 등단(수필)

· 서정, 경기수필, 탄천문학 회원

· 수필집『어머니의 의자』

# 병원

천장의 전등이 눈부시다. 누워 바라보니 유난히 밝다. 평소엔 잘 몰랐다. 언뜻 어느 SF영화에서 본 우주선의 실내처럼 전등도 없이 밝으면 참 좋겠다는 생각을 한다. 누워있는 사람을 위해 지은 곳이라니 더욱 그렇다. 눈을 감자. 아니야, 내가 불안해하는 줄 알고 곁의 아내가 슬퍼할 거야. 애써 웃음을 흘린다. 엘리베이터에서는 좀 낫지만, 여전히 편치 않다.

"아빠. 떨려요?"

"떨리긴……, 간단한 치료라던데 뭐"

"그래 여보. 이건 수술도 아니래"

저 멀리 밑바닥에는 안개가 뿌옇다. 천장의 전등이 보였단 사라지고, 또 다른 전등이 나타났다 사라지길 반복한다. 딸과 아내가 뭐라고 소곤대며 손을 흔든다. 천장이 빙그르르 돌고 몇 개의 문이 여닫히더니 전등은 더욱 부시다. 안개는 더욱 짙어진다. 천장엔 초대형 해바라기 전등이 나를 빤히 내려다본다. 눈에 불을 켜지 않았으니 다행이지만, 모습만으로도 섬뜩하다. 나를 얼마나 속속들이 보려고 그러는지 걱정스럽다.

주위엔 온통 초록색 옷을 입은 사람들뿐이다. 흰옷 입은 사람은 나를 내팽개쳐 두고 어딘가로 사라졌다. 흰색 바지에 분홍색 상의를 곱게 차려입은 친절한 간호사들도 안 보인다. 왜 이들은 모두

녹색 옷을 입었을까. 그것이 편한가. 천사처럼 흰옷이 더욱 부드럽고 안정감이 있을 것인데…. 녹색은 어쩐지 낯설고 차가워 보인다. 농장에서 산에서 늘 보던 색이니 친숙할 만도 한데 그렇지 못하니 참 이상하다. 마음속의 안개 탓인가 보다.

저들은 아주 밝게 불을 켜고는 내 몸속을 샅샅이 들여다보겠지. 저렇게 등을 밝게 켜면 살을 찢지 않아도 속을 빤히 들여다볼 수 있을 거야. 이렇게 적나라하게 나를 남에게 보여준 적이 없었는데. 부끄럽다. 내 몸속에 온갖 장비를 집어넣고 세세히 들여다보며 칼질을 할 때 혹시 회색빛 내 마음도 보려나. 지난날의 부끄러운 일이 휙 스치고 지나간다. 그러나 어쩌면 같이 있는 허여스름한 마음도 볼지 모른다.

하긴 내 마음은 저들이 들여다볼 아랫배에 있지 않을 테니 그나마 다행이다. 초록색 옷을 입고 초록색 마스크를 한 사람이 나를 내려다본다. 저 사람은 살도 마음도 초록색일까. 겨우 나온 눈은 나와 같이 검은색인데.

"입을 벌려 보세요"

"입을 다물고 삼키세요"

"예~"

대답이 여운을 남긴다. 나는 푸른 옷 입은 사람들은 잠시 잊기로 하고, 무릉도원에 들어섰다. 갈망하던 문학기행이다. 한데, 개천에 둥둥 떠내려 왔었다는 복사꽃은 철이 이른지 없다. 살살 부는 바람이 따뜻하니, 버들강아지나 복사꽃이 필만도 한데 이상하다. 잘

못 들어왔나. 종달새 한 마리도 없고, 참새조차 안 보인다. 사람은 물론 강아지 한 마리도 없다. 그저 끝없이 펼쳐지는 회색에 가까운 들녘뿐이다. 아지랑이가 보이기는 하지만, 세상에서 가장 경치가 좋은 곳이라고 들었는데 실망이다. 아주 예전 사람들 얘기니, 꾸며낸 말이었나 보다. 적적해서 어이 살까. 그나마 더 들어가려 해도 걸음이 걸어지지 않는다. 멀리 바라보다 발을 돌려 마을로 나왔다.

이상한 것은 물이 맑은 개천엔 작은 물고기가 제법 많은데, 그 광경이 낯설지 않다. 고향마을 같기도 하고, 농장 옆 개울가 같기도하다.

저기 아내와 딸이 나를 발견하고는 손을 흔든다. 내가 좋아서 다녀왔으면서도 괜스레 마음이 울컥한다. 일찍 돌아온 게 다행인가 보다. 내가 일찍 나온 것은 그곳의 풍경이 삭막하기 그지없기 때문이고 걸음이 걸어지지 않아서인데, 어떤 이는 이태백이나 황진이와 어딘가에서 술잔이라도 기울이는지 몇 년째 나오지 않는 사람도 있다. 그래도 다음에 기회가 있다면 히말라야 어딘가에 있다는 샹그릴라를 찾아봐야겠다.

내 얼굴에 딸과 아내가 볼을 비비며 안 아프냐고 묻는다. 그리고 보니 아내의 얼굴 뒤로 형광등이 또 눈부시다. 흰옷 입은 사람이 다시 곁에서 내려다본다. 녹색 옷을 입은 사람들은 어디론가 사라졌다. 대신 내 몸엔 투명한 줄 세 개가 묶여있다. 그리곤 천장이 다시 움직이기 시작한다. 딸은 언제나 그랬지만, 아내도 천사가 됐다.

갑자기 아랫배가 아파오기 시작한다. 의사들이 내 몸을 세세히 들여다보며 찢고 자르고 붙인 것 때문일 것이다. 며칠 전에도 그랬다. 아랫배에 아지 못할 통증이. 지병 때문인가 했지만 다르다. 곧 낫겠지 했더니 점차 심해진다. 아랫배에서 악마의 난동이 벌어진 모양이다. 진통제도 별무소용이다. 수필집 원고는 교정을 마쳐 출판사에 넘겼고, 두어 군데서 청탁받은 원고도 넘겼으니 홀가분하기 짝이 없어 잠시 빈둥댔더니 내 몸이 파업을 하나 보다. 종합병원 응급실을 찾아갔다. 이튿날은 동네 의원을 다녀왔다.

온갖 수선을 떤 후에 겨우 살아왔지만, 이삼일이 지난 오늘은 뚝섬의 랜드마크 같은 병원에 꼭 묶여있다. 묵직한 스테인리스 폴이 그림자같이 동행하고 있다. 두 개 때로는 세 개의 줄이 내 몸과 연결되어 있다. 자유를 억압하지만, 탯줄 같은 그것을 뿌리칠 수는 없다. 영락없는 산책길의 강아지 신세다.

어린 날 아버지가 맹장 수술을 받고 집으로 돌아오실 때 마을의 언덕길을 힘겹게 오르시던 모습이 불현듯 떠오른다. 어머니가 임종을 앞두고 기진맥진하시던 모습이 떠오른다. 매형도, 매부도, 동생도…. 사람들은 길지 않은 생을 살아가면서 크고 작은 병에 시달리고, 그때마다 병원 신세를 진다. 천기를 누설하는 듯한 의술에 놀라면서도 크게 감사한다. 남쪽 하늘을 버릇처럼 또 올려다본다.

# 사발시계 하나 사 드릴 걸

자명종이 '따르릉 따르릉' 반복해 울린다. 가스 불을 끄라는 얘기다. 잠시 하던 일을 더 했더니, 더욱 왕왕 댄다. 불을 끄면서도 '수다스럽긴' 하며 흉을 본다.

근래에는 자명종 쓸 일이 제법 많다. 가스 불에 무언가를 올려놓았을 때가 특히 그렇다. 안 그러면 새까맣게 태우기 일쑤다. 얼마 전에도 땅콩을 올려놓고는 부모님이 계시는 남쪽 하늘을 바라보며 잠시 생각에 빠졌다가 다 태웠다. 땅콩만 태운 것이 천만다행이다. 뭐가 삐졌는지 냄새와는 국경장벽 같은 높은 담을 쌓은 내 코가 문제지만, 깜빡깜빡하는 정신머리도 한몫을 한다.

자명종은 참 편리하다. 때가 되면 강한 경고음을 울려준다. 한눈을 팔고 있어도 어김없이 나를 돌려세운다. 믿을만한 친구다. 젊은이나 학생들은 대체로 이른 아침에 일어날 때 필요하지만, 나는 무언가 시간을 정하고 일을 할 때 곁에 둔다. 갈수록 이것에 기대는 일이 많아지면서 부모님에 대한 송구함도 늘어간다.

열아홉 살 어린 날의 일이다. 취직시험을 보러 서울 가던 날. 새벽 6시 천안을 떠나 서울까지 가는 통근 열차를 타야 할 나는 밤늦도록 책을 본 터라 어머니만 믿고 쿨쿨 잤다. 두세 번을 깨워 겨우 일어나니 열차 출발까지 겨우 30분. 후다닥 물을 찍어 바르고, 밥은 먹는 둥 마는 둥 기차역으로 내달렸다. 자다 깨기를 거듭하다 세 시경부터는 아예 못 주무셨다는 어머니 얘기를 저녁에 듣고는 퍽 송구했다. 내가 열차를 못 탈까 전전긍긍하셨음을 알긴 안다.

군에 갔다 온 뒤로는 몇 년간 수원으로 출근하였다. 역시 새벽 6시 통근 열차를 타고. 아침엔 맨날 기상전쟁이다. 어머니가 두세 번은 깨워야 다섯 시 반쯤에 겨우 일어난다, 가마솥에서 애써 지어주신 따끈하고 윤기가 자르르 흐르는 찰진 쌀밥은 먹는 둥 마는 둥 허겁지겁 역으로 내달리기를 수 없이 반복했다. 맨날 죄송함과 아쉬움과 내일부터는 일찍 일어나겠다는 지키지 못할 다짐의 연속이다.

그때도 어머닌 새벽잠을 거의 주무시지 못했다고 하셨지만, 그저 송구하다고 생각할 뿐, 이 기특한 자명종은 생각도 못 했다. 이것이 있었다면 어머닌 편히 주무시다 다섯 시에 일어나도 되었을 것이다. 물자가 흔하지 않은 시절의 탓으로 돌릴 법도 하지만, 이제나 그제나 내가 맹한 탓이다.

훗날 아침에 아이들을 깨우는 일을 수없이 겪었다. 특히 아들 깨우기는 퍽 힘이 들었다. 나나 아들이나 마찬가지다. 녀석은 사발시계를 켜놓고 자지만, 소리가 나면 조금만 더 잔다며 단추를 누르고는 도로 자니 있으나마나다. 엉덩이를 꼬집으며 한바탕 소란을 떨어야 겨우 학교로 허겁지겁 달아난다.

고구마를 구우며 자명종 소리를 들으니, 새벽잠을 설치시던 어머니의 모습이 새삼 떠오른다. '진작 사발시계 하나 사 드릴 걸.' 버릇처럼 남쪽 하늘을 또 올려다본다.

그때는 어찌 그런 생각을 못 했을까. 어머니가 아니 계신지가 언제고, 사발시계가 필요하던 때가 언제였던가. 그 소리를 수없이 들으면서도 생각 못 하더니, 반세기가 되어 이제야 생각이 나는지 참 모를 일이다. 종심에 가까워 철이 나나 보다. 풍수지탄風樹之嘆이 떠오른다. 자욕양이친부대子欲養而親不待….

1. 모순

2. 목포역 앞 식당의 아가씨

# 윤송석

· 전라남도 화순 출생
·《한울문학》 시부문 등단 ·《서정문학》 수필부문 등단
·《대한문학세계》 소설부문 등단 · 한국방송통신대학교 국문과 졸업
· 소설 『난자의 반란』(2013)
· 소설 『개팔자 상팔자』(2015)
· 수필 『짭짤하고 성스러운 55가지 이야기』(2017)
· 소설 『슬픈 비밀』(2018) · 시집 『기쁜 비밀』(2019)

# 모순

유난히 자식들을 사랑하신 나의 아버지는 당신의 자식들을 결코 방치하지 않으셨다.

내 고향은 전라남도 화순군 능주면 천덕리이다. 고향 마을 앞에는 남광주역에서 출발하여 화순-능주-순천으로 통하는 기찻길과 광주 버스터미널에서 출발하여 화순을 거쳐 능주로 가는 신작로가 가로지르고 있었다. 그 도로에서 조금 더 가면 영산강榮山江 3대 지류의 하나인 지석강砥石江이 흐르고 있다.

초등학교 시절, 여름에는 친구들과 지석강에서 물놀이를 하며 즐겁게 놀았다. 하지만 아버지는 강물에 들어가서 놀면 절대 안 된다고 경고하셨다. 몇 해 전에 물에 빠져 죽은 아이가 있었기 때문이었으리라. 그러나 나는 아버지 모르게 친구들과 강물에서 놀곤 했다. 아무 생각 없이 놀다가 집에 들어갈 때가 되면 바짝 긴장이 되었고 아버지한테 혼날까 봐 걱정스러운 마음으로 옷매무새를 가다듬고 집에 들어가지만, 아버지는 그걸 어떻게 아시고는 대번에 지적하는 것이었다. 아버지는 나의 모든 것을 안 보고도 다 아시는 실로 어마어마한 존재였다. 아버지한테 꾸중을 듣고 말씀을 들을 때는 다시는 강물에서 놀지 않겠다고 약속하지만, 친구들과 어울리다 보면 아버지와 한 약속을 완전히 잊어버리고 강물에서 놀다 오곤 했다.

어느 날 아버지는 나를 앉혀놓고 말씀하셨다. 언제나 아버지의 말씀은 엄청난 권위가 있었다. 분명한 것은, 나의 아버지는 어떤 경우에도 자식들을 매로 다스리거나 화를 내면서 질책하는 분이 아니었다. 그날도 아버지는 평상시와 다름없는 차분한 음성으로 말씀하셨다. 그 뒤로 나는 두 번 다시 강물에 들어가지 않았다. 그 날 아버지는 처음이자 마지막으로 '약속'에 관해서 많은 가르침을 주셨다.

아들아. 오늘은 약속이 얼마나 중요한지 생각해 보자. 내가 하는 말을 네가 얼마나 이해할는지 모르겠다만 잘 기억해주기 바란다.

사람이 살다 보면 누군가와 약속하는 일이 있을 것이다. 일단 약속을 하면 상대는 그 약속을 지키려고 노력하겠지. 항상 이것을 생각해야 한다. 상대는 그 약속한 날짜와 그 시간을 맞추려고 노력할 것이다. 만약 네가 약속을 지키려고 약속한 장소에 갔어. 그런데 상대는 그 약속을 그다지 중요하게 생각지 않고 안 지키고, 그리고 '미안해' 하면서 얼렁뚱땅 넘어가려고 한다 하자. 그러면 그 사람을 계속 신뢰할 수 있겠느냐. 약속을 했으면 반드시 지켜야 하는 것이다. 약속은 그 사람이 좋은 사람이고 괜찮은 사람이라고 생각하기 때문에 약속을 하는 것이다.

정말로 내가 존경하는 사람이나, 아주 소중하게 생각하는 사람과 한 약속은 절대로 어기지 않는 법이다. 그럴 것 아니냐. 일단 약속을 하면 며칠 전부터 머릿속에 그 약속에 대해서 생각을 하고 있기 때문이다. 그러나 나한테 별로 중요하지 않다고 생각하는 사람은 약속을 해놓고도 신경 쓰질 않고, 또는 잊어버리겠지.

하지만, 약속을 안 지키는 사람과는 사실상 계속 관계를 맺을 필요가 없는 것이다. 약속도 안 지키는 사람과는 계속해서 상대할 필요가 없는 것은 어쩌면 당연한 것 아니냐. 수십억 인류 중에 내가 아는 사람이 1,000명이 있다면 굳이 약속을 안 지키는 사람과 상대할 필요가 있겠느냐.

나는 약속을 안 지키는 사람과는 상대를 안 하는 사람이다. 실수는 여러 번 봐줄 수가 있어. 사람이 살면서 자신도 어찌할 수 없는 실수를 할 때가 있단 말이다. 그러나 양심을 속이는 것은 단 한 번도 봐줘서는 안 된다. 양심을 속이는 것은 본인이 빤히 알면서 속이기 때문이야. 어떤 경우라도 자기 양심을 속이면 절대 안 된다. 양심을 속이고 자기 마음과 다르게 이야기하는 것은 단 한 번도 봐 주면 안 되는 것이다. 내 말 잘 기억해 둬라.

우리 마을 사람들이 나를 많이 어려워하는 것을 나도 안다. 그들이 아는 것은 '저 사람은 정확한 사람이다' 하는 것만 알지, 자기들이 약속해놓고 그것을 어긴 것과 양심을 속인 것을 잘 모르고 하는 소리다. 약속을 못 지켰으면 상대방에게 솔직히 얘기해야 한다. 약속을 지키지도 못한 채 시간을 질질 끌면서 사탕발림으로 하는 짓은 절대 안 되는 것이다.

사람이 많이 살아야 100년 사는 것인데 나의 이웃, 나의 친척 등 나를 아는 모든 사람한테 피해가 가지 않도록 항상 조심하고, 그들에게 뭔가 이익이 될 수 있도록 도우면서 사는 것이 인간의 도리라고 생각한다.

나는 지금껏 사람들과 약속하고 한 번도 안 지킨 적이 없다. 약속을 안 지키면 사람들이 나에게 호감을 갖겠느냐. 약속은 100번 하면 100번 지켜야 한다. 약속한 날짜를 기록해놓고 놓치는 경우가 있다는 것도 따지고 보면 그 사람을 신뢰하지 않거나 내게 이익이 없다고 생각하기 때문이다.

더구나 바쁘다는 것은 말도 안 되는 소리다. 왜냐하면, 세상에 바쁘지 않은 사람이 누가 있느냐. 하다못해 빌어먹는 거지도 바쁘기는 마찬가지이다. 거지도 어느 집에 가야 고깃국에 쌀밥 얻어먹을 것인지를 궁리하고 가는 것이다. 이것이 아무리 바빠도 약속은 꼭 지켜야 하는 이유다.

누구든지 자신이 한 약속은 반드시 지켜야 신뢰할 수 있다. 그래야 인연이 오래 지속되는 것이다. 약속도 안 지키고 어영부영 사는 사람과는 절대로 인연이 오래 갈 수 없는 것이다.

내가 생각해도 나 같은 사람은 상대하기 어려울 것이다. 그러나 약속을 틀림없이 지키는 사람은 그것을 기록해 놓고 자식들과 관계든 아내와 관계든 친구들과 관계든 바둑판처럼 딱 짜인 그 틀 안에서 약속을 지키면서 살면 세상 살기가 참 편하단다. 물론 천재지변으로 약속을 못 지켰다면 그것은 누구나 얘기하면 다 이해할 수 있지. 하지만 자기 양심을 속이고 변명을 하면 절대 안 되는 것이다.

'약속'이라는 말만 들어도 완연히 떠오르는 아버지의 말씀은 수십 년이 지난 지금도 여전히 새롭기만 하다.

나는 누군가와 약속을 하면 약속 장소에 30분 또는 1시간 전에 가서 그 주변을 살피는 버릇이 몸에 배어 있다. 그래서 약속 시간을 지키지 않는 일은 거의 없는 편이다. 이 별스러운 습관을 알아차린 지인 중에는 나와 약속을 하면 평소보다 일찍 나온다는 사람도 있지만, 이러한 습관은 그리 나쁘지 않은 것으로 여기며 살고 있다.

그런데 곰곰 생각해보니, 유별나게 약속을 지키지 않았던 한 인간이 삼삼하게 떠오른다. 한두 번이 아니라 수도 없이 약속을 파기한 인간이다. 그는 약속을 어기고도 미안하다는 내색도 말도 하지 않는 참 뻔뻔스러운 인간이다. 그럼에도 나는 그를 크게 탓하지 않았고, 오히려 끝없는 아량으로 품어주면서 지내왔다. 그의 지독한 파행은 오랫동안 계속되었다. 나를 처참하게 우롱한 자는 도대체 누구인가? 바로 나 자신이다.

# 목포역 앞 식당의 아가씨

'목포' 하면 제일 먼저 떠오르는 것은 목포역 앞에 있는 어느 식당의 아가씨이다.

때마침 교통편이 여의치 않아 목포에서 배를 타고 제주도에 가야만 했다. 게다가 하룻밤을 목포에서 자야 하는데 문득 찜질방이 생각나서 오가는 사람들에게 물었다. '호텔처럼 좋은 찜질방'이라는 추천을 받은 곳은 목포시외버스터미널 근처에 있는 "대성한방찜질방"이었다. 피곤한 탓이었을까 눕자마자 잠이 들었고, 아침에 일어나 찜질방 바닥에 깔아놓은 발마사지 시설에 몇 번 왔다 갔다 하고 나니 정신이 맑아지고 기분이 구름 위를 걷는 듯했다.

찜질방에서 나와 시내버스를 타고 목포역 근처에 내려 사방을 둘러보니 몇 개의 식당에 불이 켜져 있었다. 그중 한 식당 문을 열고 들어가니 여주인이 맞아주었다. 마음에 드는 자리에 앉아 메뉴를 보다 '뼈다귀해장국'이 먹고 싶었다.

주방에는 젊은 아가씨가 있었다. 뼈다귀해장국을 시켜놓고 기다리는데, 여주인이 안으로 들어가더니 영 나오지 않았다. 한참 후에 주방에서 그 여자가 큼지막한 쟁반에 해장국과 밥 등을 들고 나왔다.

"아가씨, 막걸리 있어요?"

주방에서 나온 여자는 비록 몸에 살이 쪄서 크고 뚱뚱했지만 젊은 여자라서 아가씨라고 불렀다.

"어디 한 번 보고요. 딱 한 병이 있네요."

아가씨는 냉장고 가까이 가서 막걸리를 확인하고 내게 대답했다.

해장국을 안주 삼아 막걸리를 홀짝이고 있는데 주방 여자가 더 할 일이 없는 듯 주방에서 음식 나오는 구멍으로 홀을 내다보며 양쪽 팔꿈치를 짚고 나를 빤히 쳐다보면서 커피를 마시고 있었다.

얼핏 '개그우먼 김민경 씨 닮았구나!' 하는 생각이 스치었다. 건강미 남실남실 흐르는 얼굴이 복스럽고 다정한 느낌마저 풍기는 귀여운 인상이었다. 몸매는 굴곡이 드러나지 않아 언뜻 보나 유심히 보나 특별히 눈길을 끌만한 포인트를 찾기가 난감할 만큼 풍부한 자태를 자랑하고 있었다.

때는 이른 아침이었고 그녀에게 관심을 기울일 여력이 없었던 터라 시장기를 때우는 데 전심전력을 다하고 있었다. 그녀가 주방에서 나와 김치냉장고를 열고 뭔가 일을 하고 있었다. 그것은 식당용 대형 김치냉장고여서 뚜껑을 여닫는 데도 힘이 여간 필요할 터이지만 그녀는 책장을 넘기듯 손쉽게 처리했다. 큼지막한 김치통과 양념통 등을 꺼내는 데도 전혀 힘들어 보이지 않았다.

"여기, 얼마예요?"

얼큰하게 해장술도 하고 해장국도 든든하게 먹었으니 그대로 앉아 있는 것도 멋쩍은 일이어서 계산을 하려고 그녀를 불렀다. 주방에서 일하다 고무장갑을 낀 채, 앞치마를 두른 넉넉한 체구의 그녀가 나타났다.

“다 드셨어요?”

그녀가 막걸리병을 들었다 놓으면서 물었다. 만 원짜리 두 장을 내밀었더니 나머지 돈을 거슬러주었다. 고무장갑을 낀 채 물기 잔뜩 묻은 지폐를 내게 주었다.

“커피 한잔 드실래요?”

“예!”

나는 시간이 많았다. 오후 2시에 목포항에서 출발하는 배를 타는 일 외에 다른 계획이 전혀 없었으니 커피를 마신다면 200잔도 마실 정도의 넉넉한 시간이 있었다. 사실 커피를 마실 마음은 없었으나 그녀의 성의를 생각해서 마시겠다고 대답했다.

개그우먼 김민경 씨를 TV 화면으로만 봤는데 그녀를 닮은 여자가 나를 쳐다볼 뿐만 아니라 커피까지 주겠다는 데 마다하면 그런 실례가 또 어디 있으랴 싶었다.

“커피 한잔 하세요. 저도 또 한잔 마실래요. 아까 마셨지만….”

‘그렇구나!’ 내가 뼈다귀를 붙잡고 한창 식탐을 부리던 그 시간 그녀는 나의 어떤 모습을 감상하였는지 모르나, 그때 어디서도 보기 어려운 편안한 자세로 커피를 홀짝이던 것은 내가 인정한다.

“이거 한잔 하세요.”

내게 커피를 주고 그녀 자신이 마실 커피를 누르고 나서, 몸집에 비해 믿기지 않을 만큼 날렵한 걸음으로 음료수와 주류가 잔뜩 들어 있는 냉장고의 문을 열더니, 물병 하나를 꺼내서 물 컵 두 개에

쪼르륵 소리가 나도록 부어서 내게 건네며 말했다.

전혀 예상치 못한 일이었다. 나는 그녀가 내민 컵의 음료를 입에 머금었다. 그 순간 말로는 표현할 수 없는 그윽한 향이 온몸으로 스며드는 듯했다.

"이게요. 수십 가지 약재가 들어간 건데 좋은 거예요."

그녀가 내 귀에 대고 속삭였다.

"얼른 드세요. 주인이 알면 안 돼요. 아까 그 여자가 주인인데요. 오늘 몸이 안 좋다고 방에 들어갔어요."

이제 보니 여주인이 몸이 좋지 않아 방에 들어간 틈을 타 내게도 한 잔 주고 그녀도 한 잔 마실 절호의 기회를 잡은 것이었다. 그녀는 두 잔을 비워낸 그 온갖 약초가 들어서 몸에 좋다는 그 물병 주둥이를 정수기에 대고 가득 채웠다.

"향기가 매우 좋은 데요. 그런데 아가씨, 개그우먼 김민경 씨랑 닮았어요."

그녀가 나를 보고 생긋 웃었다. 몸집과 얼굴도 개그우먼 그녀와 닮았지만 웃는 모습이 더 사실처럼 느껴졌다.

"그래요? 김민경 씨는 100킬로그램이라는데 저는 70킬로그램이에요. 저도 살을 좀 빼야 하는데…."

내가 묻지도 않은 자신의 체중을 스스로 폭로하고 있었다.

"그 정도면 아주 귀여우십니다."

그녀가 차려준 아침밥을 맛나게 먹었고 해장술로 불콰하게 된 데다 서비스로 권하는 커피도 마셨고 그리고 주인이 소중히 여기는 비장의 수십 가지 약초가 우려내어 몸에 좋다는 것까지 마시고 보니 그녀가 좋아 보였다.

그녀는 믿기지 않는다는 듯 수줍은 미소를 지으면서, 아까 빼놓은 커피와 몸에 좋다는 음료를 호로록 마시더니 재빠르게 주방으로 들어갔다. 그로부터 얼마 되지 않아 밖에서 식당의 남자주인이 문을 열고 쓱 들어왔다.

“잘 먹고 갑니다.”

“네, 잘 가세요.”

그녀가 일하다 말고 식당 문밖까지 나와 배웅을 했다. 나도 그녀에게 머리 숙여 인사를 하고 또 손을 높이 들어 마구 흔들어주었다.

1. 정신의 흰밥

2. 홍천 가리산방 가는 길

# 홍 만 희


· 시인, 수필가. 서울과학기술대 문예창작학과 졸.

· 『서정문학』 시부문 신인상 수상

· 『산림문학』, 『시에』 수필부문 신인상 수상

· 시집 : 『책 한 권』 · 공저 : 『한국대표서정시선 3 · 4 · 5 · 6 · 7』

# 정신의 흰밥

한 해 농사가 끝나면 우선 할 일은 곳간을 정리하는 일이다. 봄, 여름, 가을 내내 사용한 삽, 괭이, 낫 등 종류별로 깔끔히 정돈을 잘하는 농사꾼이 진정한 농부다. 자주 사용하는 물건은 손에 쉽게 잡히는 곳에 보관한다. 이 일 저 일 바쁘다는 핑계로 차일피일 미루다가 11월이 지나고 있다. 물건을 정리하면서 한 해 동안 잘한 일보다 게을리하거나 후회되는 일이 떠오른다. 이 모습을 아버지가 보고 계신다면 무슨 말씀을 할지 나는 알고 있다. "농사꾼이 되려면 아직 멀었어" 하며 걱정하실 것이 뻔하다. 아버지는 작년 이맘때 돌아가셨다. 나는 아버지의 뒤를 이어받아 초보 농사꾼이 되었다.

우선 곳간에 널려있는 물건들을 임시로 한곳으로 옮겨놓는다. 이 물건에는 아버지의 흔적들이 고스란히 남아있다. 쟁기, 삼태기, 곡괭이, 지게 등 평생 아버지와 함께하였던 물건들이다. 그러니 당신의 물건, 아니 당신의 삶에 입을 맞추고 싶은 날이다.

하나하나 정리하다가 잠시 멈추고 살펴본다. 아무래도 그것을 이해하는 것은 그와 같은 자세로 서서 눈을 맞추는 일, 이보다 더 지극한 마음이 있을까. 그것보다 더 낮게, 그 키에 맞추어 가슴을 보듬어 보는 것. 그 하나만으로도 가슴 벅찬 연민, 이 물건들은 당신의 하루를 살게 한 '정신의 흰 밥' 이다.

아버지가 평생 삶의 짐을 나르던 지게를 보며 생각나는 것이 있다. 지게를 메어 보지 않은 내가 밭에 줄 퇴비를 운반할 때 한번 져 본 적이 있다. 그 지게는 한쪽이 기울어져 있다. 지게를 바로 메려고 중심을 잡으려다 넘어졌다. 그때 알았던 사실은 아버지의 몸이 한쪽으로 기울어져 있다는 사실이다. 평생 농사를 지으면서 일종에 생긴 징표일 수 있다. 어깨 한쪽이 다른 쪽보다 낮다. 지게에서 생각지도 않던 아버지의 모습을 발견한 것이다. 평생토록 농사를 지우면서 생긴 많은 질환도 지니고 사셨다. 이는 당신은 당신이 살아온 훈장이다. 척추, 관절 등 온몸이 성한 곳이 없었을 진데 당신은 '괜찮다' 하며 아픈 사실을 숨기셨다.

머나먼 길을 돌고 돌아서 여기까지 묵묵히 함께한 물건들에서 아버지를 생각한다. 두 눈으로 볼 것 못 볼 것 다 가슴으로 안는 동안, 두 손으로 누군가의 손을 잡고 또 뿌리치며 허전한 몸살이 하는 동안, 두 귀로 들을 것 못 들을 것 다 듣고 스스로 침묵하는 동안, 한입에 먹고 또 먹으며 할 말 안 할 말 다 듣고도 세상에 대하여 애써 외면하는 동안, 시리도록 부르튼 상처를 가슴으로 껴안은 채 인내하였을 것이다.

낡고 오래된 물건의 모습은 무엇인가 골똘히 생각하는 아버지의 자세 그 자체이다. 그 모습은 가장 높은 자진이다. 승화된 모습이다. 문득 나도 한번 그 모습을 닮고 싶다. 미물이지만 따뜻하게 위로하고 싶다. 온종일 하루의 알량한 식량을 얻기 위해 고단했을 아버지의 어깨, 팔 또한 그러했을 것이다.

물건에서 선명하게 보인 아버지의 흔적들이 보인다. '낮은' 몸을 수시로 곧게 세우며 살아오셨을 것이다. 혼란스러운 삶에도 스스로 올곧게 살아온 흔적들이 눈물겹다.

아버지의 물건조차 아버지를 닮는다는 것이 어떤 모습인지를 알겠다. 한 마디로 얘기한다면 그 모습조차 누군가를 닮아가는 것이다. 우리가 관심조차 없었던 물건조차 '누군가' 모습이다. 누군가의 테이다. 그러니 흔적의 테를 따라가면 아버지의 삶이 훤히 보인다.

문득 아버지의 살아온 삶의 궤적을 떠올린다. 지나온 삶을 지금 그 흔적을 보듯이 삶이 눈물겹다. 아버지의 삶은 비뚤비뚤한 걸음걸이일 수 있다. 누군가가 "하루에 몸가짐을 세 번씩 살펴보라" 했던가.

내가 쓰는 지금의 이 글은 머리와 심장과 손으로 쓰는 듯하지만, 사실은 살아온 삶의 일부요, 몸으로 쓰는 육필이다. 이 세상에 육필보다 더 좋은 글은 없다. 이 세상에 가장 아름다운 글은 육필로 쓰는 것이요, 그 육필의 문자는 내가 가야 할 삶의 문자이다. 그렇다면 이 물건에 새겨진 흔적이야말로 우주적인 아버지의 육필이 아닐는지.

# 홍천 가리산방 가는 길

새벽 햇살 한껏 머금은 자연은 행복 누릴 감성의 가치 깨우고 마음속 이기심과 집착을 몰아낸다. 삶의 아름다움은 과정에 있고 고통은 해석 방식에 달렸으니 마음이 행복의 도량 아니겠나.

홍천 가리산방에 가기 위해 아침 일찍 출발하였다. 서울양양고속도로에 들어서 동홍천 톨게이트에 8시쯤 도착할 예정이다. 요금소를 빠져나와 20여 분쯤 지나면 목적지에 도착할 것이다.

요금소를 벗어나자 익숙한 산자락이 펼쳐진다. 아침 햇살을 가득 머금은 산. 산은 온통 은처럼 빛났다. 햇살을 머금은 아침 산을 만날 때마다 나는 알 수 없는 기쁨에 설렌다. 이 한량없는 아침 산자락의 가치는 느끼는 사람의 것이다. 느끼지 못한다면 그는 산 앞에서 그냥 초라한 이방인일 뿐이다. 나는 언제나 느낌의 부자다. 소유한 것은 적지만 많은 것을 느끼고 행복해할 수 있는 자신의 감성이 때로 고맙기만 하다. 느낌은 소유의 빈곤을 씻어주고, 초라한 존재의 가치를 아름답게 빛나게 해준다. 산이 내게 일깨워준 느낌의 교훈이다.

가리산방으로 가면서 이제는 산이 내 삶의 풍경이 되어버린 것만 같은 느낌이 들었다. 가는 길에 산을 보고도 느끼지 못했다면 그 길은 얼마나 단조로운 길이었을까. 차창을 스치며 지나는 산을 바라보며 나는 산의 끝없는 넓이 속에서 우리들의 삶이 얼마나 작은가를 볼 수 있게 되었다. 그동안 보았던 산은 나의 내면으로 들어와 내 안을 자꾸만 넓혀 주었다. 산은 내 안의 이기利己와 집착執着을 몰아내고 푸르고 넓은 물결로 일렁이며 좁은 마음의 벽을 조금씩 허물고 있다. 산이 나를 감싸안은 그 길을 돌아 돌아가면 자연의 품이 더욱 빛나 보이고는 했다. 아마도 내 마음이 그만큼 맑아져 있기 때문일 터이다.

몇 년 전부터 홍천 가리산자락 '가리산방'에 거처할 때부터 그 산을 만났다. 그때 산은 소나무 군락 사이에 화사한 산벚꽃을 동무들처럼 곁에 두고 있었다. 바람에 날리던 그 꽃잎들. 그 꽃잎의 낙화를 안고 있는 산을 보며 나는 눈을 감았다. 너무 아름다운 풍경은 눈으로 보는 것이 아니라 가슴으로 봐야만 할 것 같았기 때문이다. 풍경은 오히려 눈보다 가슴 속에서 더욱 멋지게 그려지는 것만 같았다. 하던 일을 멈추고 나는 흩날리는 산벚꽃 잎들을 바라보았다. 그리고 이렇게 멋진 자연을 품은 곳이라는 사실이 행복으로 다가왔다.

나는 사람들에게 가끔 '가리산방'에 대해서 말한다. 가리산방이란 내가 거처하는 도량만이 아니라 가리산방을 가는 그 길 풍경까지도 포함한다고. 나에게 가리산방을 향해 난 길은 곧 가리산방을 의미했다. 그러므로 그곳을 찾아가는 사람은 그 출발부터 순례자의 마음을 지녀야만 한다고 나는 말하곤 한다. 처음 그곳이 홍천 어디 자리한 줄도 모르면서 찾아가는 길의 아름다움만으로도 그곳이 얼마나 아름답다는 것을 느낄 수가 있었다.

가리산방으로 가는 길이 아름답다는 느낌이 들어야 그곳이 아름답다는 듯 우리 인생 역시 과정이 아름다워야 아름다운 인생이라 말할 수 있다. 결과만을 추구한다면 우리가 살아야 할 이유가 없어지는 것이다. 우리 인생의 가장 명확한 결과는 죽음이기 때문이다. 과정이 중요한 의미를 갖는 것이 우리들의 인생이다. 이것은 매순간 적용되는 인생의 법칙이기도 하다. 성급하게 결과를 탐하기보다는 꾸준하게 과정을 실천해 나가는 것이 필요한 이유이다. 진정 행복한 사람은 돈으로 많은 것을 할 수 있는 사람보다 스스로 많은 것을 할 수 있는 사람인지도 모른다. 돈에 의지하지 않고 스스로 많은 것을 해나가는 사람은 과정의 아름다움을 발견해내는 사람이기 때문이다.

나는 가라산방보다 가리산방을 찾아가는 길을 더 좋아한다. 웅장하고 어느 유명한 산보다도 평범하면서도 아름다운 산을 거느리고 있는 그곳을 무척 좋아한다. 그곳을 향해 난 길에 대한 사랑이 내게는 있다. 이 길을 지나다 보면 바위 같던 마음의 무게가 사라지는 것을 느끼게 된다. 새털같이 가벼운 마음의 길, 나는 그곳으로 가는 길을 이렇게 명명하고 싶다.

언젠가 고성 해파랑길을 걸을 때도 그랬다. 그때는 눈이 펑펑 내리고 있었다. 눈이 발등을 덮는 길을 나는 맨몸으로 걸었다. 순하게 내리던 눈. 나는 한 발 한 발 걸으며 내 걸어온 발자국을 뒤돌아보았다. 발자국도 눈처럼 그렇게 순하게 찍혀 있었다. 가다가 서서 숨을 깊이 내쉬면 뽀얀 입김이 눈 따라 날리는 것이 보였다. 길은 멀고 눈은 점점 쌓여갔지만, 마음은 걸을수록 가벼워졌다. 걷고 또 걸어도 좋았던 그 눈길이 아직 내 기억 속에 선명하다.

오늘 어머니와 동행했다. 홍천 가리산방으로 가는 길 어머니도 행복한 길이라고 느끼는 것일까. "무척 아름답다." 지그시 풍경을 보며 말씀하신다. 이 길 위에서 나는 생각한다. 인생은 언제나 과정이고 우리 고통의 원인은 사건이나 상황에 있는 것이 아니라 그것을 지각하고 해석하는 우리들의 방식에 있다고. 마음을 바꿀 수 있다면 언제나 우리는 행복한 길을 갈 수 있다는 믿음이 내게는 있다. 나는 어머니가 자신의 길 위에서 행복하기를 기도한다. 홍천 가리산방 가는 길은 행복으로 가는 길이다. 어머니와 함께 가는 길, 아침 햇살은 세상을 향해 온통 행복을 뿌릴 듯이 빛나고 있다.

# 한국대표서정소설선

이상길
장진원

## O. 야옹과 야옹 사이

# 이 상 길

· 문학 석사

· 한국문인협회 회원(수필분과)

· 부부갈등조정연구소장

· 2019년 『서정문학』 소설부문 신인상 수상

# 야옹과 야옹 사이

성추행범으로 지하철에서 체포되어 K경찰서에 연행된 지 벌써 두 시간째다. 나를 험상궂게 노려보며 범행을 추궁하던 강 형사가 담배 한 대를 꺼내 물고 의자를 옆으로 돌리더니 상체를 뒤로 젖힌 채 천정을 향해 담배 연기를 길게 내뿜었다. 정적 사이로 컴퓨터 모니터 옆에 놓인 조그마한 산호수·화분이 눈에 들어왔다. 분홍색 플라스틱 화분 위로 먼지를 뒤집어쓴 연녹색 이파리들이 조화처럼 다닥다닥 붙어있었다. 어림잡아 두세 달 정도는 물맛을 보지 못해 보이는 잎사귀들은 살짝 스치기만 해도 금방이라도 부스러질 것 같았다.

산호수 화분 앞에는 청색 바탕에 흰색 글씨로 '수사관 강남근' 이라고 새겨진 아크릴 명패가 놓여있었다.

수사관 강남근

40대 후반쯤 되어 보이는 나이에다 곱슬머리, 그리고 광대뼈가 드러난 구릿빛 얼굴과 떡 벌어진 어깨는 이름과 궁합이 잘 맞아떨어진다는 생각마저 들었다. 인상을 쓸 때마다 이마에 깊게 팬 세 가닥 주름은 순식간에 내천川자를 옆으로 고꾸라뜨렸다.

내가 그녀를 처음 만난 곳은 서울 근교에 있는 산호수 농장이었다. 내가 근무하는 회사에서 산호수 농장으로 대민봉사활동을 갔는데 그녀는 다른 부서에 소속된 신입직원이라 초면이었다. 청바지 차림의 그녀는 갸름한 얼굴에다 길고 매끈한 생머리가 볼륨있는 뒤태와 어우러져 자꾸 시선을 끌었다.

그날 봉사활동은 플라스틱 화분에다 산호수를 네다섯 포기씩 심는 작업이었다. 그녀는 산호수 이파리를 조심스럽게 어루만지며 식물 이름을 물었다. 나는 기다렸다는 듯이 산호수라고 대답했다. 열매가 빨간 산호 모양이라 산호수라는 이름이 생겼고, 꽃말은 내일은 행복이며, 사랑의 열매도 산호수 열매에서 유래되었다는 말까지 덧붙였다. 내 설명을 귀담아듣던 그녀는 호기심 가득한 눈빛으로 나를 바라보며 고개를 끄덕였다.

그녀의 이름은 호산나였다. 거꾸로 하면 나산호. 산호수와 무슨 운명적인 실타래가 엮여있는 것일까. 나는 호산나란 이름이 특이하여 세례명이 아니냐고 그녀에게 물어보았다. 그녀는 호산나는 아버지가 지은 본명이고 한자로 산호 산珊 자에 아리따울 나娜 자를 쓴다고 했다.

우리는 누가 먼저라고 할 것도 없이 서로 눈이 맞았고 일 년 동안 데이트를 하다가 얼마 전에 양가 부모의 승낙을 얻어 약혼까지 했다. 회사에서는 나와 그녀의 연애담이 관심사로 떠올랐고, 동료들은 농담 삼아 우리를 산호수 커플이라고 불렀다. 나는 몇 년 전부터 야생화에 관심을 갖고 식물도감을 뒤적이며 이름을 기억했는데 꽃보다 예쁜 신붓감을 얻게 될 줄이야.

이 선생, 잔머리 굴리지 말고 어서 사실대로 말하세요."

한참 생각에 잠겨있는 나를 향해 강 형사가 툭 하고 말을 뱉었다.

"엉덩이 만진 거 맞죠?"

"아니라니까요, 형사님, 저는 절대로 안 만졌어요.

"피해자가 전철에서 자신의 엉덩이를 더듬은 사람이 바로 이 선생이라고 분명히 지목하고 있는데 계속 부인할 겁니까?"

"제가 만졌다는 증거가 있냐구요. CCTV 화면이라도 한번 가져와 보세요."

"이 선생 정말 보통이 아니구먼. 그 전철 칸에 CCTV가 없다는 것까지 미리 확인하고 범행을 저질렀네. 이거."

"네에? 무슨 말씀이세요? 전 정말 그런 적이 없어요. 형사님."

강 형사가 어이가 없다는 듯 나를 물끄러미 쳐다보았다. 강 형사는 피해자가 성추행을 당하면서 전철 칸의 위치까지 휴대폰으로 메시지를 전송했고, 경찰이 출동했을 때 당신이 분명히 그 아가씨 뒤에 서 있었는데도 계속 오리발을 내놓을 거냐고 추궁했다.

"형사님, 아가씨 뒤에 서 있으면 다 범인 취급을 받아야 합니까?"

나는 어이없다는 표정으로 한 마디 내뱉고 나서, 내가 퇴근길에 고객하고 저녁식사를 하면서 소주 몇 잔을 마신 후 집에 가려고 전철을 탔고, 빈자리가 없어 자리에 서 있다가 깜빡 조는 바람에 내가 내려야 할 S역을 지나쳤을 뿐이고, 아가씨가 성추행을 당했다면 범인은 내가 아니라 다른 사람일 거라고 거듭 같은 주장을 되풀이했다.

아까 2호선 전철 안에서 검거될 때까지 나는 경찰이 다가온 줄도 모르고 졸고 있었다. 정말 나는 아무 영문도 모른 채 성추행범이란 누명이 씌워진 것이다. 현장에서도 완강하게 혐의를 부인했지만 경찰은 막무가내로 나를 연행했고 나는 조사과정에서 사실관계를 이야기하면 곧바로 풀려날 줄로 알았다.

강 형사는 내가 졸다가 역을 지나친 것이 아니라 일부러 성추행을 하려고 내릴 역에서 하차하지 않았던 게 아니냐며 피해자 명의로 작성된 진술서를 보여주며 말을 이어갔다.

"피해자는 처음엔 당신이 손으로 엉덩이를 서너 번 만지다가 점차 노골적으로 당신의 성기 부분을 피해자 엉덩이 사이에 밀착시키는 방법으로 성추행을 했다고 일관되게 진술하고 있어요. 한마디로 여대생인 피해자가 진술한 내용이 당신이 주장하고 있는 내용보다 더 신빙성이 있다는 거요. 그리고 검거 당시 당신의 바지 호크가 채워져 있지 않았어. 지퍼도 약간 내려가 있었고."

강 형사가 나를 째려보며 인상을 쓰자 내천 자 주름이 꿈틀거렸다. 내게 당신이라며 핏발을 세우던 강 형사가 이내 표정을 누그러뜨리며 감정을 추슬렀다.

아니 왜 내 말은 믿어주지 않고 피해자의 말만 옳다고 판단을 하는 걸까. 피해자가 무슨 신이라도 된다는 말인가. 피해자도 얼마든지 거짓 진술할 수가 있고 실수로 가해자를 잘못 지적할 수도 있다. 이런 식으로 조사가 이루어진다면 여자가 남자 하나 죽이는 것은 누워서 떡 먹기보다 더 쉽지 않은가. 내가 실수로라도 그녀의 엉덩이에 손이 닿았다면 차라리 덜 억울하겠다. 그녀 뒤에 서 있었다는 사실만으로 내가 남자이기 때문에 죄가 된다는 논리가 법치주의 국가인 대한민국에서 통용이 된다면 모든 남자들에게 불행한 일이다.

왜 피해자 말은 의심해 보지도 않고 가해자에게만 화살을 겨누고 있을까. 서로 좋아서 성관계를 하고서는 여자가 마음이 변해 강간을 당했다고 고소를 해버리면 여자 말만 듣고 남자를 교도소에 처넣어야 할까.

"형사님, 그건요. 제가 배가 나와 식사를 하고 나면 바지가 허리춤에 끼어 답답해서 일부러 허리띠를 느슨하게 매고 바지 호크를 풀거든요. 호크를 푼 상태에서 몸을 움직이다 보면 지퍼도 조금씩 내려오게 되구요."

"어허, 이 선생, 그렇게 자꾸 억지 변명을 할 겁니까? 내가 지금 형사 생활 20년이오. 10년이면 강산도 변한다는데 강산이 두 번이나 변할 정도로 형사생활을 했단 말입니다. 이 정도 경력이면 얼굴만 봐도 이 선생이 지금 무슨 생각을 하고 있는지 다 눈에 보인단 말입니다. 네? 이 선생."

강 형사가 눈꺼풀을 치켜뜨고 예리한 시선으로 내 얼굴을 한번 확 찌르더니 여유 있게 미소까지 지어 보이며 다시 말문을 열었다.

"이 선생, 도공도 20년 경력이면 눈을 감고도 제품이 불량품인지 귀신같이 가려낸다고 들었소. 두 눈을 감고 도자기를 손으로 쓰윽 하고 만지기만 해도 단번에 흠집을 발견할 수가 있다는 말이오. 입장을 바꿔서 이 선생이 형사생활 20년을 넘게 하고 이 자리에 앉아있다고 한번 생각해보세요. 눈에 보이겠어요. 안 보이겠어요?"

강 형사는 20년 경력의 베테랑 형사답게 점점 나를 옥죄어 왔다. 때론 강하게 몰아붙이고 때론 부드럽게 설득하면서 마음먹은 대로 감정을 추스르는 것을 보면 정말 고수답다는 생각이 들었다. 차라리 반말이나 욕설이라도 하면 내가 그걸 꼬투리를 잡고 따지면서 빠져나갈 구멍이라도 찾아볼 텐데 강 형사는 그러한 틈을 내어주지 않았다.

강 형사는 자신이 프로파일러가 되려고 범죄심리학을 공부했다면서 여자의 엉덩이를 보면 일단 만지고 싶은 게 남성의 충동 심리라고 말했다. 특히 미스브라질 엉덩이 선발대회에서 퀸으로 뽑힌 마세도처럼 크고 탄력 넘치는 엉덩이를 보면 남성이라면 누구나 그런 생각이 들기 마련인데, 청바지를 입은 피해자의 엉덩이도 마세도 못지않았다며 나를 의심의 눈초리로 째려보았다.

그리고 지킬박사와 하이드라는 소설을 읽어 본 적이 있냐고 묻더니 사람은 낮에는 지킬처럼 선한 인간의 모습을 하고 있다가도 밤만 되면 하이드처럼 악인으로 변하는 습성이 있기 때문에 자신의 감정을 억제하지 못하면 언제든지 범행을 저지를 수가 있다고 말했다.

또한 맹자는 성선설을 주장하고 순자는 성악설을 주장했으나 자신이 생각하기엔 인간은 선과 악을 다 지니고 태어난다며 자신이 나름대로 체계화한 선악설의 이론을 풀어놓았다. 선이 악을 억눌러야 하는데 악은 증기처럼 분출하는 힘이 강해 선이 커버하기엔 버겁다고도 했다.

후기인상파의 거장 르누아르는 "만일 여성의 유방과 엉덩이가 없었다면 나는 그림을 그리지 않았을 것이다."라는 명언을 남겼다. 그는 누드화를 그릴 때 누구나 그 그림을 보고 그 유방이나 엉덩이를 만지고 싶도록 그려야 한다고 생각했다. 그의 작품 "목욕 후에"는 풍만한 여성의 가슴과 엉덩이가 캔버스에 가득 차 뭇 남성들을 유혹한다.

나는 사춘기 때 우연히 르누아르 목욕하는 여인이라는 그림을 보고 무엇을 훔쳐 먹은 사람처럼 가슴이 덜덜 떨린 적이 있다. 그의 그림은 묘한 중독성을 내뿜으며 나를 끌어들였다. 나는 그의 그림을 통하여 여성의 육체에 대해 눈을 뜰 수가 있었다. 내 방안에 '피아노 치는 소녀들' 그림이 걸려있는데 물론 그의 작품이다. 사실 엉덩이가 풍만한 누드화를 한 점 내걸고 싶었으나 남의 이목도 있고 해서 피아노 치는 소녀를 내세워 그의 작품 속의 엉덩이 여자들을 상상하는 나만의 독특한 그림 감상법이다.

내가 같은 회사 동료인 김 대리와 함께 해외 연수 차 프랑스와 이탈리아에 갔을 때 르누아르의 화폭에 등장한 여인들의 엉덩이가 왜 그렇게 풍만한 지를 이해하는 데는 많은 시간이 걸리지 않았다. 파리와 피렌체 거리마다 엉덩이들이 물결쳤다. 여성의 엉덩이가 어찌나 큰 지 사람이 걷는 게 아니라 엉덩이가 걸어가고 있는 환상을 자아내게 했다. 커다란 엉덩이들이 쳐지지도 않고 바지 속에 풍선을 부풀려 넣은 것처럼 터질 듯이 봉긋하게 솟아있었다.

소설 '냉정과 열정사이'의 배경이 되었던 피렌체 두오모 성당 앞에서 김 대리가 카메라를 네게 건네주며 벤치에 앉아 포즈를 취했다. 나는 파인더를 들여다보며 셔터를 누르는 순간 김 대리 얼굴 위로 뭔가 겹쳐지는 느낌을 받았다.

귀국 후 어느 날, 김 대리가 식사를 함께하자고 했다. 저녁을 먹기로 했는데 자리에 앉자마자 김 대리는 주머니에서 사진을 한 장 꺼내 나에게 내밀었다. 금방이라도 사진 밖으로 튕겨져 나올 것 같은 탱탱한 엉덩이를 배경으로 엉덩이에 반쯤 가려진 김 대리의 미소 띤 얼굴이 보였다. 정확히 말하자면 김 대리의 얼굴을 배경으로 한 이탈리아 여성의 엉덩이 사진이라고 해야 적절한 표현일 것 같았다. 김 대리가 입술로 이탈리아 여성의 은밀한 부위를 애무하고 있다고 착각할 정도로 엉덩이와 얼굴 구도가 동일 선상에 위치해 있었다.

나는 순간 얼굴이 화끈거렸다. 내가 미안하다고 하자 김 대리는 반색을 하며 건배를 하자고 했다. 그러더니 내 손을 꽉 잡으며 이 사진이야말로 레오나르도 다빈치의 최후의 만찬에 버금가는 21세기 최고의 걸작이라며 찬사를 아끼지 않았다. 필름을 인화한 사진관 아저씨도 그 사진을 보고는 침을 질질 흘렸다는 우스갯소리까지 들려주었다. 하루에도 몇 번씩 사진을 꺼내본다는 노총각 김 대리는 그 사진 때문에 살맛이 난다고도 했다. 김 대리는 오늘 술값을 자기가 내겠다면서 나를 작가님이라고 호칭하더니 아예 그 사진 이름까지 붙여 달라며 능청을 떨었다. 나는 그 작품명을 엉덩이 얼굴이라고 명명했다.

"엉덩이 얼굴" 내가 봐도 명작이었다. 호수가 하늘을 담은 것처럼 바지라는 투명한 그릇은 엉덩이를 가득 담아내고 있었다. 팬티라인도 없이 뽀얀 살결과 볼륨이 그대로 드러난 타이트한 흰색 바지는 이미 옷의 기능을 상실하고 말았다. 망막에 그득한 수밀도水蜜桃의 영상이 후각을 자극하자 미각돌기가 말미잘의 촉수처럼 꿈틀거리며 입안이 축축해졌다. 허리라인에 살짝 드리워진 코발트색 티셔츠 자락은 마치 지중해를 연상케 했다. 지중해에 잠겨있는 우윳빛 엉덩이가 금방이라도 푸른 물결을 박차고 솟구쳐 오를 듯한 환상에 잠시라도 눈을 뗄 수가 없었다.

사진을 찍다 보면 의도하지 않은 풍경이 연출된다. 해변에서 석양 무렵, 황금빛 넘실대는 수평선에 초점을 맞추고 셔터를 눌렀는데 확인해 보면 비키니를 입은 아가씨가 찍혀있다. 나는 생각조차도 하지 않았는데 찰칵하는 순간 아가씨가 풍경 속으로 걸어 들어온 것이다.

내가 이국땅에서 뜻하지 않게 이태리 여성을 찍은 것처럼 나는 지금 피해자인 여대생의 렌즈에 찍혀버렸다. 피해자가 의도를 했든 안했든 간에 일단 나는 여대생의 사진에 박혀있다. 꽃뱀에 걸려 망신살이 뻗히는 남자들이 많다. 전철이나 버스 등에서 성추행 피해자를 가장하여 합의금 명목으로 돈을 뜯어내는 수법으로 한몫 챙기는 아가씨들에 대한 남성들의 피해 사례도 심심찮게 언론매체에 오르내린다. 등록금이나 생활비 등을 마련하기 위해 원조 교제를 하거나 유흥업소를 들락거리는 여대생들은 그나마도 신사적이라는 어느 선배의 말이 문득 뇌리를 스쳤다.

"강 형사님, 저는 피해자 얼굴도 모릅니다. 내가 범인이 맞는지 피해자와 대면하게 해주세요."

나를 범인으로 지목한 피해자가 어떤 여자인지 궁금했다. 그리고 그녀에게 내가 범인이 아니라는 걸 증명해 주고 싶었다. 강 형사는 범행 현장에서 피해자가 당신이 범인이라고 지목해서 현행범으로 체포했기 때문에 대질 조사를 할 필요가 없다며 언성을 높였다.

호산나와 결혼식 날짜가 한 달밖에 남지 않았다. 나는 약혼식 때 그녀에게 산호수 두 그루를 심은 빨강 도자기 화분을 선물했다. 각각 나와 그녀의 상징이었다. 결혼해서 행복하게 살자는 메시지를 눈치챈 그녀는 화분을 화장대 거울 앞에 두고 나를 생각한다고 했다. 산호수가 물을 좋아해서 1주일에 한 번씩은 물을 주면서 이파리를 어루만지며 행복을 꿈꾼다고도 했다. 그녀가 이런 사실을 알면 어떻게 될까. 내 혓바닥은 강 형사 화분의 산호수 이파리처럼 말라붙어 입천장을 스칠 때마다 바스락거렸다.

"이 선생, TV에서 봤지요. 유명 인사들이 사건에 연루되어 수사기관에 들어서면서 자신은 혐의가 없다고들 떠들어대지요. 그러나 결국 어떻게 됩니까. 다 쇠고랑 차지요. 혐의를 부인하면 검사나 판사나 다 싫어해요. 봐줄 것도 안 봐준단 말입니다. 이 선생은 전혀 잘못이 없는 것처럼 주장하는데 그때 장소에 있었다는 것도 잘못이지요. 이 선생이 그 자리에 없었다면 이런 일이 없었을 것이 아니오."

강 형사가 마치 설교조로 나를 설득했다. 나는 아무 대꾸도 하지 않고 어처구니가 없다는 표정으로 강 형사를 바라보았다. 오비이락烏飛梨落이란 말이 떠올랐다.

"그리고 이 선생, 지금은 사건을 담당하는 검사나 판사가 거의 다 여자지요. 성범죄는 여자들 앞에서 부인하다가는 큰 코 다쳐요. 차라리 쿨하게 인정하고 선처를 구하는 게 더 낫다는 말입니다."

대체 뭘 인정하란 말인가. 나는 그 여대생의 엉덩이를 만진 적이 없는데 만졌다고 거짓말이라도 하라는 건가. 갈피를 잡지 못하고 망설이던 차에 강 형사가 불쑥 말을 꺼냈다.

"이 선생, 고양이 키워 본 적 있어요?"

나는 어렸을 때 개보다도 고양이를 좋아했다. 검은 고양이였는데 어머니가 나비라고 불러 나비가 고양이 이름이 돼버렸다. TV나 컴퓨터가 없는 세상이다 보니 나비는 내 친구요, 장난감이었다. 나비도 식구들 중에서 특별히 나를 좋아했다. 내가 학교 갔다 돌아오면 어떻게 알았는지 야옹하고 나비가 나타나 내 발목에 몸을 비벼 댔다. 개는 주인을 보면 꼬리를 흔들어 반갑다는 표시를 하지만 고양이는 좋아하는 사람을 보면 슬쩍 다가 와 그 사람의 몸에 목이나 머리를 막 비벼댄다. 밤에도 나는 나비와 함께 잠을 함께 잤다. 나비를 안고 자면 겨울에는 나비의 체온이 전해져 난로처럼 따뜻했다.

"이 선생, 뭘 그리 생각하시오. 고양이 키운 적 있냐고 물었지 않소."

"네, 키운 적 있어요."

"고양이가 야옹 야옹하고 울지요. 고양이가 야옹 소리를 내고 다음 야옹하고 울기까지 그 짧은 시간에 이 세상에는 얼마나 많은 일들이 일어나는 줄 알아요?"

내가 머뭇거리자 강 형사는 다시 말을 이어갔다.

"야옹과 야옹 사이에 세상에는 수만 가지 사건이 발생하고, 수천 명의 사람이 죽어간단 말입니다. 알겠습니까. 이 선생 같은 이런 사건은 정말 아무 것도 아니죠. 그 엄청난 사건들 중에 아주 미미한 일에 불과하다 이겁니다. 그런데 거기에 그렇게 죽기 살기로 매달릴 필요가 있습니까?

내가 10살 무렵, 야옹과 야옹 사이에 나는 어머니를 잃었다. 토요일 오후. 뒷산 잔디밭에서 나는 나비와 함께 따사로운 봄볕을 쬐고 있었다. 뒷산에는 오래된 무덤이 있었는데 바로 앞에는 햇볕이 잘 드는 넓은 잔디밭이 펼쳐져 있었다. 그곳이 내 놀이터였다. 가끔은 동네 아이들과 미끄럼틀 대신 잔디로 뒤덮인 무덤을 타고 놀기도 하고 싫증이 나면 나비를 안고 무덤에 기대어 낮잠을 자기도 했다.

나비가 평소와 다르게 불안한 눈빛으로 자꾸 야옹소리를 냈다. 나는 나비의 왼쪽 겨드랑이 사이를 손가락으로 살살 긁어주었다. 그러나 나비는 아무런 반응을 하지 않고 울기만 했다. 예전 같으면 나비는 벌러덩 드러누워 나를 향해 오른쪽 발을 치켜들며 재롱을 떨었을 터였다. 나는 나비를 억지로 들어눕히고 겨드랑이를 긁어주자 나비가 두 눈을 부라리며 야옹하고 소리를 질렀다.

나비가 다시 야옹하려는 찰나 작은 형이 울면서 뛰어와 방금 어머니가 돌아가셨다고 말했다. 영문을 모르는 나는 형과 함께 집으로 달려갔다. 아버지가 쪽 진 머리가 온통 피범벅이 된 어머니를 안고 눈물을 흘리고 있었다. 나는 어머니를 부르며 품에 안겼으나 어머니는 아무런 대답이 없었다. 나중에 안 일이지만 어머니의 죽음은 태풍에 지붕이 뜯겨지는 것을 막기 위해 아버지가 지붕 위에다 설치해 놓은 돌멩이 때문이었다. 어머니가 처마 밑을 지나갈 때 하필 그 돌멩이가 어머니 머리 위로 떨어지는 바람에 사고를 당한 것이다. 수많은 시간과 공간 속에서 지붕 위에서 낙하하는 돌멩이와 그곳을 지나가는 어머니, 아니 더 나아가서는 어머니의 머리가 일직선상으로 일치하기는 로또복권 일등 당첨 확률보다 어려울 것이다. 0.000001초의 오차만 났어도 어머니는 살아있을 것이다. 어머니는 재수가 없었다.

세상에 하나뿐인 어머니를 잃은 것에 비하면 이건 정말 아무것도 아니다. 나는 그 후로 고양이 울음소리만 들으면 뭔가 불길한 생각이 들곤 했다. 한번은 우리 집 지하 보일러실 창고에서 고양이 울음소리가 들렸다. 나는 지하로 뛰어 내려갔다. 검은 고양이 한 마리가 후다닥 도망치더니 낡은 의자 밑에 숨어 야옹하고 나를 노려봤다. 어른 주먹보다 조금 더 클까 말까하고 나비처럼 털이 검은 새끼 고양이었다.

이 녀석을 이대로 울게 놔두면 아버지마저 잃을 거라는 불길한 생각이 들었다. 나는 얼른 창고 문을 닫고 포획 작전에 돌입했다. 쫓고 쫓기는 추격전이 계속됐다. 어리지만 결코 만만하지 않는 상대였다. 함부로 손으로 덮쳤다가는 독이 오른 고양이에게 물리거나 발톱으로 할퀼 수가 있다. 20분이 흘렀을까. 나는 슬슬 지쳐오기 시작했다. 이 녀석도 어디에 박혀버렸는지 보이지 않았다. 녀석이 힘 빼기 작전으로 나를 골탕먹인 후 탈출하려고 작정한 모양이다. 고양이가 영물이라는 아버지 말씀이 떠올랐다. 아버지는 내가 고양이를 가까이하는 것을 마땅치 않게 생각했다. 고양이가 영악한 동물이라 사람이 미워하면 해코지를 한다는 이유였다. 아무개란 사람이 고양이를 미워했는데 고양이가 뱀을 물어다가 신발에 풀어놓아 뱀에 물려 죽게 했다는 전설의 고향에나 나올 법한 이야기도 들려준 적이 있다.

나는 다시 마당으로 나와 두꺼운 철사와 모기장으로 뜰채 모양의 고양이채를 만들었다. 고양이채를 들고 조심스럽게 창고 문을 열었다. 불과 3분도 안되어 고양이는 모기장 안에 걸려들었다. 숨을 헐떡이며 고양이채에서 빠져나가려고 발버둥치는 녀석을 뒷산에 풀어놓자 녀석은 나를 한번 뒤돌아보더니 야옹하고 달아나버렸다.

옆자리에는 나이가 꽤 들어 보이는 대머리 형사가 20대 청년을 상대로 취조를 하고 있었다. 대머리 형사는 반말에다 욕설까지 섞어가며 청년을 심하게 몰아붙였다. 청년도 나름대로 이유를 들며 반격했다. 청년은 전철 안에서 휴대폰으로 아가씨의 치마 속을 촬영하다가 붙잡힌 모양이다. 청년은 자신이 고의적으로 찍은 게 아니라 자신도 모르게 휴대폰 촬영버튼이 눌러져 사진이 찍힌 거라고 변명을 하고 있었다. 대머리 형사는 휴대폰에 저장된 사진을 보여주며 그런데도 여성의 팬티가 이렇게 선명하게 찍혀졌냐며 따졌다. 그리고 저장된 사진을 쭉 검색하더니 여성의 허벅지가 찍힌 몰카 사진 한 장을 추가로 발견하고는 이 친구 이거 상습범이라고 호통을 쳤다. 전세가 불리함을 눈치 챈 청년은 말꼬리를 내리며 대머리 형사에게 한번만 봐달라며 애원을 했다. 처음부터 그렇게 나왔어야지 왜 그렇게 사람을 피곤하게 하냐며 승기를 잡은 대머리 형사는 의기양양하게 훈계를 했고, 백기를 든 청년을 머리를 조아리며 살려달라고 통사정을 했다.

대머리 형사에 비하면 강 형사는 생김새와는 달리 신사적이다. 핏대가 오르면 어쩌다 한 번씩 당신이라고 소리치는 것을 빼놓고는 좀처럼 반말을 하지 않았다. 하기야 나는 증거가 없으니 강 형사도 답답하겠지. 피해 여성이 지목한 사람이 다 범인이라고 하면 세상의 남자들은 아무도 성추행에서 자유롭지 못할 것이다. 전철에서 피해자 얼굴도 피해자 엉덩이도 본적이 없는데 성추행이라니…….

"이봐요, 이 선생, 옆에는 우리보다 더 늦게 조사를 시작했는데 벌써 다 끝났잖아요. 우리도 얼른 끝냅시다."

아니 이게 무슨 온라인 게임이라도 된다는 말인가. 끝내자니. 여기서 끝내버리면 내 운명은 어떻게 될까. 며칠 있으면 회사에서 과장으로 승진을 하고 한 달 후면 호산나와 결혼을 하는데…….

서른 살에 우리 회사에서 과장이란 직함을 갖기는 결코 쉬운 일이 아니다. 내가 실적을 내기 위해 밤낮없이 노력한 결과로 최연소 과장 승진을 앞두고 있는데…그동안 얼마나 많은 고객들한테 아쉬운 소리와 사정을 했는가. 고객들이나 상사에게 심한 모욕을 당해 그만 두고 싶을 때도 이를 악물며 버텨냈는데. 상품을 사달라고 친척과 친구들에게 굽신거리고, 배신도 당하고 그렇게 일궈낸 보람이 이 사건의 결과에 따라 한순간에 물거품이 돼버릴 수도 있다.

사실 오늘 일도 영업상 고객을 접대하느라고 술을 한 잔 하는 바람에 S역에서 내리지 못해 발생한 것이다. 야옹과 야옹 사이에 역을 지나쳐버리다니. 설령 내가 피해자의 주장대로 성추행을 했다고 해도 S역에서 내렸다면 검거되지도 않았고 아무런 문제가 발생하지 않았을 것이다. 악마는 자신이 임하지 못할 곳에는 반드시 술을 보낸다고 했던가. 악마가 보낸 술이 나를 지금 궁지로 몰아가고 있다.

결단코 나는 범인이 아니다. 진짜 범인은 그녀를 더듬고 성적 만족을 취한 후에 이미 빠져나가 버렸을 것이다. 경찰이 접근하도록 도망가지 않고 범행 현장에서 가만히 기다리고 있을 범인이 어디 있겠는가.

강 형사는 내가 본심이 아니라 술김에 실수할 수가 있고 술 취해 저지른 범죄는 형법상 죄가 가벼워지니까 별것 아니라고 나를 설득하고 있지만 아닌 건 아닌 것이다. 내가 술김에 잠깐 조는 사이에 전철역은 지나치고 말았지만, 주량이 소주 2병인 내가 소주 몇 잔 마시고 그런 추태를 부리지는 않는다. 물론 내가 잠결에 전철이 흔들려 손이나 내 몸의 일부가 그녀의 엉덩이에 닿을 수는 있겠다. 그러나 그녀의 진술은 내가 세 번씩이나 손으로 자신의 엉덩이를 더듬고 더군다나 성기를 자신의 엉덩이에다가 밀착했다니 이건 말도 안 된다.

나는 엊그제 직장에서 성교육까지 받았다. 동료 여직원에게 스스럼없이 어깨에 손을 한번 얹었는데도 동료가 불쾌하다고 생각하면 성추행이 성립한다. 여성의 눈에 띄는 곳에서 야한 사진이나 동영상을 보거나 야한 농담을 해도 해당 여성이 성적인 수치심을 느꼈다면 문제가 발생한다. 미성년자인 여성에 대한 성범죄는 더욱 엄격하다. 성을 매수하기 위해 만나자고 유인하는 행위조차도 처벌 대상이다. 미성년자를 만나 성관계를 갖지 않았는데도 처벌을 받는다는 얘기다. 어디 그것뿐인가. 미성년자가 등장하는 음란물을 다운받아 보거나 소지하기만 해도 죄가 된단다.

이전에는 불법으로 음란물을 제작하거나 유포하는 행위가 처벌 대상이었는데 아동에 대한 몇몇 파렴치한 범죄가 사회적인 이슈가 되면서 성범죄에 대한 처벌이 강화됐다는 것이다, 인터넷상에 떠도는 교복 야동이나 미성년 야동이란 제목의 게시물을 클릭해 보는 것만으로도 처벌을 받을 수 있다니 얼마나 무서운 세상인가, 그리고 미성년자에 대한 성범죄는 수년간 개인 신상이 공개되고 학교나 유아원 등 미성년자와 관련한 직장에 취업도 할 수 없다고 했다. 성교육 강사마저 여성인 자신의 입장에서 봐도 우리나라의 성폭력 법률이 너무 광범위하게 적용되어 성범죄자를 양산하고 있다고 지적했다.

나는 성교육을 받기 전에도 지인이 성추행 사건으로 구속되어 구치소로 면회를 간 적이 있어 여자를 무척 경계한다. 신상에 오점을 남기지 않기 위해 웹을 다운 받거나 지인들로부터 전송되는 동영상도 우선 교복이나 미성년자라는 제목이 들어있는지부터 확인한다. 이런 제목으로 메일이 들어오면 열어보지도 말고 삭제해 버린 게 상책이다. 그리고 화장실에 갈 때도 남자화장실이 맞는지 재차 확인하는 버릇이 생겼다. 악법도 법이라는데 별 도리가 없지 않는가.

“자, 이 선생, 담배 한 대 피워요. 그리고 12시 안에는 무조건 끝냅시다. 제발 나 좀 봐주세요. 나도 이제 집에 들어가야 될 것 아니오. 아무것도 아닌 것 가지고 너무 그렇게 복잡하게 생각하지 말아요.”

맞은편 벽에 걸린 빨간색 테두리의 시계가 11시 30분을 가리키고 있었다. 강 형사는 선심 쓰듯 내게 담배를 한 대 건네주더니 강 형사도 담배를 입에 물었다. 강 형사 말마따나 내 잘못도 크다. 내가 그 자리에 없었다면 이런 일이 발생하지 않았을 것이다. 한 발 더 나아가 내가 술만 안 마셨어도 S역을 지나치지 않았고 그러면 내가 여기까지 끌려와서 조사받을 일도 없을 텐데 말이다. 그러고 보니 모든 게 나 때문에 벌어진 일이라는 생각이 들었다.

나는 담배를 한 모금 깊이 빨아들였다. 난생처음으로 경험하는 담배 연기에 정신이 몽롱해지며 강 형사의 목소리가 흐릿하게 되살아났다. 야옹과 야옹 사이에 세상에는 수많은 일들이 일어난다고. 그리고 내가 당하고 있는 일은 아주 미미한 것이라고.

나는 한 번 더 담배를 빨아들였다. 희뿌옇게 번지는 담배 연기 속에 점점 의식이 희미해지며 어머니의 재수 없는 죽음에 비하면 이 사건은 정말 아무것도 아니라는 생각이 들었다. 설령 모든 일이 다 잘못 된다고 해도 어쩌면 내일은 행복할 거라고 생각했다. 산호수 꽃말처럼.

O. 살얼음

# 장 진 원

· 2018년 『서정문학』 시부문 신인상 수상
· 경기소설 신인상

## 살얼음

나는 오늘도 인력사무소를 나와 다리를 절며 집으로 향했다. 거리에는 출근하는 사람들로 넘쳐나기 시작했다. 출근 시간에 퇴근이라니, 일도 못하고. 출근하는 사람들은 기세등등해 보였고, 나는 패잔병처럼 느껴졌다.

겨우내 장기적으로 일할 수 있는 공사현장이 생겨서 정말 다행이라고 여겼는데, 일을 시작한 지 보름도 안 되어 사고가 났다. 자재 정리를 하던 중에 쌓아놓았던 자재가 무너졌고 쇠파이프가 인부를 덮쳐 사망사고가 났던 것이다. 사고 현장에서 함께 작업하던 나는 다행인지 불행인지는 몰라도 허벅지에 타박상만 입었다. 사고 수습으로 공사는 무기한 중단되었다. 아슬아슬하게 목숨을 건졌다는 것이 아슬아슬하게 살아가는 인생에까지 다행스러운 일은 아닌 것 같았다. 겨울 동안 우리 가정의 생계를 책임질 일터를 잃은 것이다. 성치 않은 몸으로 전에 나가던 인력사무소에 다시 나갔다.

– 미안하지만 그만 돌아가요. 글쎄 그 몸으론 안 된다니까.

나도 안 된다는 걸 모를 리 없었다. 제대로 걷지도 못하는 몸으로 공사판이라니. 그렇다고 주저앉을 수도 없는 노릇이니 떼라도 써보려고 새벽부터 사무실 앞에서 소장을 기다렸다.

– 일하다 보면 곧 다리 근육이 풀린다고요. 남들 하는 만큼은 할 수 있다니까요.

하루라도 돈을 벌지 않으면 안 되는 처지다. 장사밑천으로 집 전세금까지 털어 넣었다가 그야말로 다 털어먹고 보증금도 없는 월셋집으로 이사했다. 겨울이 지나면 큰아이가 초등학교에 들어가고, 작은 아이도 어린이집에 보내고 나면 부부가 맞벌이로 열심히 일해서 살길이 열릴 거라는 희망을 아직은 손에서 놓치지 않고 있었다. 점점 추워지는 날씨에 일을 구하기는 더욱 어려워졌다. 게다가 제대로 걷지도 못하니.

– 나가지 말라니까, 왜 나가서 생고생이야!

집에 들어서자마자 주저앉은 나를 보고 아내가 소리쳤다. 아내는 나의 마음을 알 리가 없었다. 이사 오면서 이 집에는 보증금이 하나도 걸려있지 않았다는 사실과 나의 통장에는 잔액이 거의 남아있지 않다는 것을 숨겨왔기 때문이다. 일하면서 벌이가 생기면 굳이 아내를 불안하게 하지 않고도 헤쳐나갈 수 있을 것 같은 생각에서였다. 그렇지만 이제야말로 큰일이 난 것이다. 보증금을 걸지 않은 이유로 월세를 한 번이라도 제때 내지 못하면 집을 비워주기로 하고 계약했었다. 며칠만 지나면 참담하고 끔찍한 상황이 아내의 눈앞에서 펼쳐지게 될 것이다.

– 아이들 데리고 친정에 좀 가 있어.

갑자기 무슨 영문이냐고 묻는다. 날씨도 추우니 며칠간 어머니 밥도 해 드리고, 아이들도 할머니 집에 가는 거 좋아하니까, 가서 놀다가 올 때 김장이라도 좀 얻어오면 좋을 것 같다고 했다. 아내는 다리가 불편한 나를 걱정했으나, 괜찮다고 걱정하지 않아도 된다고 했더니 곧 내 말대로 하겠다고 했다. 다음날 아내와 아이들을 처가에 보냈다. 달력을 보니 집주인에게 월세를 내야 하는 날이 일주일도 채 남지 않았다. 동생에게 전화를 걸었다.

– 전에 비어있다던 그 집, 지금이라도 들어갈 수 있을까?

나의 사정을 가장 잘 아는 건 동생이었다. 전세금 털어먹고 월세로 이사 간다는 말을 듣고 충청도 시골에 빈집이 있다고 하며 와서 살아도 된다고 했었다. 나는 괜찮다고 했었다. 시골에 가서 딱히 할 만한 일도 없을 것 같았고, 서울에서 재기할 수 있다는 믿음을 갖고 있었기 때문이었다. 그러나 재기는커녕 당장 살 집도 없게 되었고, 땟거리도 바닥이 날 상황이 되었으니 달리 방법이 없다. 집은 아직 비어있고 최소한 일 년 이상은 공짜로 살 수 있을 거라고 했다. 아파트단지가 부도나서 경매 중인데 경매 절차가 끝나려면 꽤 걸릴 것 같다고 했다. 그 집은 원룸형 임대아파트로 동생이

신혼 때 살았던 곳이다. 아이들하고 네 식구가 살기엔 비좁겠지만, 한겨울에 눈비만 피해도 다행일 것으로 생각했다. 문제는 아내를 설득하는 일이다. 결혼해서 아이들 낳고 키우면서 여태 아무런 상황도 모르고 약 십 년 동안 나만 믿고 따라오기만 했던 사람이기에 이 충격적인 상황을 받아들이기는 더욱더 어려울 것이다. 그래도 다른 길이 없다면 어차피 부딪혀야 할 일. 나는 친구에게 트럭을 끌고 오라고 했다. 사는 데 꼭 필요한 물건부터 트럭에 때려 실었고, 덩치가 큰 장롱과 그리 중요하지 않다고 생각되는 것들은 모두 폐기했다. 적당히 한 트럭 분량의 이삿짐을 꾸려서 친구에게 부탁했다. 동생한테 집 열쇠를 받아서 대충 집안으로 들여놓으라고 했다. 그리고 나는 결혼할 때부터 타고 다녔던 오래된 승용차를 몰고 처가로 갔다. 처가 근처에서 아내를 불러냈다. 어둠이 내려앉는 시간이었다. 왜 안 들어오고 밖에서 불러내느냐고 했다. 조수석에 앉은 아내에게 어디부터 얘기해야 할지 난감했다.

– 충청도 시골로 가자.

갑자기 무슨 소리냐고 했다. 왜 우리가 충청도로 가야 하는지를 나는 설명하기 시작했다. 빈털터리다. 반드시 재기해서 실망하게 한 것보다 몇 배로 더 크게 보상해 주겠다. 마지막으로 딱 한 번만 믿어줘라. 속이지 않았다. 괜히 속만 상하게 할까 봐 얘기 안 했던 것뿐이다. 그렇게 생각나는 대로 말하다가 아내의 얼굴을 힐끗 쳐다보았다. 아내의 얼굴은 이미 젖어 있었다. 내가 쳐다보는 것을 알아채고는 꼭 다물었던 입술이 드디어 폭발했다. 안 가, 책임져, 어떻게 그럴 수가 있어, 그런 원망의 말들이 울음소리에 섞여서 마구 튀어나오기 시작했다. 나는 아내에게 제발 한 번만 살려달라고 했다. 정말 내가 지금 살아있다는 것이 너무도 싫은데 당신과 아이들 때문에 살아있는 것이라고 했다. 한참을 울다가 그친 아내는 지금까지 믿어왔던 것만큼만 앞으로 더 믿어주겠다고 했다. 꼭 십 년만, 더는 안 된다고 했다. 처가에서 저녁을 먹고 나서 장모님께 인사하고 아이들과 함께 처가를 나섰다.

충청북도 청주 인근 작은 마을에 주변 경관과 어울리지 않는 아파트단지가 있다. 마을 곳곳에는 돼지농장이 있어서 여름에는 심한 악취가 나는 곳이라고 했다. 또 근처에는 공군부대가 있어서 심한 소음이 나는 곳이기도 했다. 고요한 마을에 갑자기 전투기의 굉음이 지나가는 곳이라서 마을 사람들은 소송으로 소음공해 보상금을 받아내기도 했다고 한다. 친구가 잘 배달해 놓은 이삿짐을 정리하고 식탁과 침대를 얻어다가 놓았다. 동생이 소개해준 마을 주민이 안 쓰는 물건이라고 가져가라고 했다. 얼마의 생활비도 동생에게 얻었다. 방이 따뜻하고 당분간은 아내와 아이들이 먹을 것이 있으니 일거리만 찾으면 어떻게든 살아갈 방도가 있을 것 같았다. 그런데 아내가 이상하다. 항상 밝은 표정에 장난기도 많은 사람이었는데, 잘 웃지도 않고 허공을 바라보는 시간이 부쩍 많아졌다.

– 너 여기 살았을 때 교회 다녔었지?

동생에게 아내를 교회 다니게 할 방법이 없겠느냐고 물었다. 아내는 어릴 때 여름성경학교에 나갔던 일 말고는 교회에 다닌 적이 없는 사람이었다. 나는 직장 그만두고 사업을 하면서 힘들다고 느껴질 때마다 교회를 찾았었다. 총각 시절에 잠깐 교회에 다녔고, 터놓고 얘기할 사람이 필요하거나 마음이 지칠 때마다 교회에 나가서 위안을 받게 되었는데 믿음은 그다지 성장하지 못해서 꾸준히 다니지는 못했다. 아내가 이렇게 심리적으로 힘든 상황에 신앙을 갖는다면 큰 도움이 될 것으로 생각했다. 동생이 이 마을에 있는 교회에 다닐 때 친하게 지냈던 사람을 소개해 주었다. 나는 그녀에게 쉽지는 않겠지만 어떻게든 교회에 꼭 데리고 나가 달라고 신신당부를 했고, 그녀는 자신만만한 표정으로 그러겠다고 했다. 매일 그녀가 집으로 찾아왔다. 아내는 아무런 얘기도 들으려고 하지 않았고 당장 나가라고 했다. 원래 내 아내는 집에 찾아온 손님을 막무가내로 쫓아내는 사람은 아니었다. 그녀는 포기하지 않고 매일 집 앞에 먹을 것을 놓고 갔다. 어느 날 밖에 나갔다가 집에 돌아와 보니 그녀는 열심히 하나님이 어쩌고 하면서 이야기를 하는데, 아내가 고개를 끄덕이며 그녀의 이야기를 듣고 있었다. 그리고 다음 날부터는 교회 단짝이 되어 싱글벙글하며 함께 나다니기 시작했다.

– (구인) 대리운전, 콜 많음, 고소득 보장

지역신문 구인광고를 보고 대리운전을 시작했다. 다친 다리는 절지 않아도 될 만큼 나았다. 처음 해보는 대리운전은 낯설고 무섭고 더러웠다. 같이 일하는 직원들과 사장 그리고 처음 대하는 도로와 고객들이 낯설었고, 시간과 싸우는 직업이라서 목숨 내놓고 달려야 하는 상황이 무서웠다. 과속과 신호 위반은 일상의 일이 되어버렸다. 술에 취해서 욕하고, 반말하고, 무시하고, 대리 비용은 깎으려고 하면서 요구사항은 많고, 그런 것들은 정말 더러웠다. 게다가 사고에 워낙 민감했던 나였기에 대리운전은 절대로 오래 할 일이 아니라는 생각이 들었다. 대리운전은 주로 내가 사는 마을 근처의 읍내와 청주 시내를 오가는 일이었다. 늦은 시간에 청주 시내에서 일이 끊기면 밤새도록 걸어서 새벽이 되어서야 집에 도착하는 때도 있었다. 그날에도 추위에 귓불을 문지르며 밤길을 걷고 있었다. 어둠 속에서 도로의 모양만 알아보고 걸어야 했다. 갑자기 빠르게 지나가며 나의 몸을 도로 밖으로 밀어내는 자동차의 꽁무니를 원망스럽게 바라보다가 불빛 하나가 멀리서 눈에 들어왔다. 거기쯤에 외딴 중식당이 있었던 것으로 기억되었다. 식당이 가까워지고 술에 취한듯한 목소리가 들려왔다. 서너 명쯤 되는 사람들이 떠드는 것 같았다. 점점 가까워지면서 사람의 모습이 분간되었는데, 여자 한 명과 남자 두 명이 큰 소리로 떠들고 있었고 식당 마당에는 승용차가 두 대 세워져 있었다.

– 고집부리지 말고, 대리 부르라니까!

여자는 승용차 운전석 쪽에서 열어젖힌 문을 붙들고 있었고, 남자 두 명이 여자를 말리면서 대리운전을 부르라고 소리치는 모습이었다. 그 모습을 잠시 지켜보다가 좋은 생각이 떠올랐다. 아직도 집에까지 가려면 한 시간 이상을 걸어야 했기 때문에 대리운전을 해야겠다고 생각한 것이다. 가까이 다가가서 인사를 했다. 누구냐고 했다. 대리기사라고 했더니 아직 부르지도 않았는데 벌써 왔느냐고 했다. 일이 늦게 끝나 버스를 놓쳐서 집까지 걸어가던 중에 얘기하는 걸 듣고 대리운전이 필요할 것 같아서 왔노라고 했다. 집이 어디냐고 해서 마을 이름을 댔더니 그 여자가 사는 동네라며 모두 함께 잘 되었다고 손뼉을 쳤다. 차를 얻어 타는 셈 치고 대리 비용은 안 받겠다고 했더니 여자가 자기는 그런 사람이 아니라고 했다. 집이 어디냐고 물어보니 같은 아파트 옆 동에 사는 여자였다. 나이는 오십 세는 넘어 보였고 깡마른 체구에 남자처럼 짧게 자른 머리를 하고 있었다. 만약 목소리를 먼저 듣지 않았다면 남자로 착각했을 것이다. 차가 출발한 지 얼마 되지 않아서 여자가 잠들었고 잠꼬대를 하는데 누구에게 욕을 하는 것 같았다. 아파트에 도착해서 여자를 깨웠다. 한참을 일어나지 않고 꿈쩍도 하지 않아서 몸을 마구 흔들어서 깨웠다. 여자는 미안하다고 하며 오만 원짜리를 내밀었다. 잔돈을 꺼내려 하자 필요 없다고 했다. 서로 인사를 하고 헤어져 각자 집으로 들어갔다.

–아빠! 그만 자고 일어나, 교회 가자!

딸이 교회 가자고 깨웠다. 일요일이었다. 새벽에 잠이 들어서 일어나기가 힘들어도 딸아이가 깨우면 벌떡 일어나는 버릇이 있다. 그래도 교회에 가기는 싫었다. 아내와 아이들을 교회에 보내고 나서 또 자려고 했다. 아내가 눈치를 채고 가족들 교회 나가게 한 사람이 누군데 정작 본인은 안 가려고 하느냐고 했다. 그 말을 들으니 미안한 마음이 들어서 같이 간다고 했다. 아이들이 더 좋아했다. 집을 나서니 교회 승합차가 대기하고 있었다. 아내는 벌써 여러 사람과 친분이 생겼는지 인사를 나누느라 바빴다. 나는 어색한 표정과 동작으로 승합차의 맨 뒷좌석으로 가서 아들과 함께 앉았고, 아내는 딸을 데리고 아는 아줌마들 틈에 끼어 앉았다. 읍내에 있는 교회까지는 십 분 정도가 걸렸다. 가는 동안 운전석에서 운전하는 사람의 뒷모습을 보고 왠지 익숙한 느낌이 들어서 자꾸만 쳐다보게 되었다. 교회 마당에 도착하자 승합차에서 사람들이 내리기 시작했고 나는 아들을 안고 맨 마지막에 내렸다. 아들을 땅에 내려놓고 일어서는데 아는 얼굴이 반갑게 웃으며 인사를 했다. 그 여자였다. 청주 가는 대로변 중식당에서 대리운전으로 함께 집에까지 갔었던 이웃에 사는 짧은 머리의 남자 같은 오십 대로 보이는 여자. 나도 반가운 척 짧은 인사를 하고 예배당으로 들어갔다. 자리에 앉자마자 아내와 아이들은 기도를 시작했다. 나도 기도를 하려고 눈을 감았는데 기도는 되지 않고 그 짧은 머리 여자의 모습만 떠올랐다. 예배 시간에 가끔 두리번거리며 그 여자가 어디에 있는지 살폈는데 사람이 너무 많아서 쉽게 찾을 수가 없었다. 설교가 끝나고 예배의 마지막 순서에서 기도할 때에는 대리운전을 그만하게 해달라고 기도했다. 예배가 끝나자 식당으로 안내를 받았다. 아이들을 데리고 자리에 앉았는데 아내는 배식 당번이라며 같이 앉지 않았다. 배식 당번 아줌마들이 부지런히 음식을 날랐고 곧 우리 자리에도 밥이 도착했다. 아내도 배식을 마치고 자기 밥그릇을 들고 옆자리에 와서 앉았다. 밥을 먹으며 가끔 두리번거리며 그 여자가 있는지 확인하다가 궁금해서 아내에게 물었다. 승합차 운전했던 남자 같은 여자 아느냐고. 목사님 여동생이라고 했다. 그런데 하나님을 믿지는 않는 것 같다고 했다. 교회에서 운전하는 일과 청소 등 몇 가지 업무만 도와준다고 했다.

– 그리고 사람들이 그러는데 매일 술만 먹고 다닌다는데, 무슨 사연이 있나 봐.

아내도 더 자세한 얘기는 듣지 못했다고 했다. 식사를 마치고 아내와 아이들을 먼저 집으로 보내고 나는 읍내를 좀 둘러보겠다고 했다. 교회에서 가까운 곳에 있는 컴퓨터 매장이 눈에 띄었다. 좁은 매장에 중고컴퓨터가 산더미처럼 쌓여 있었다. 가게 주인으로 보이는 사람과 컴퓨터 수리를 맡기러 온 손님으로 보이는 사람이 대화를 나누는 모습이 보였고, 매장 한편에서 기다리고 있는 사람도 보였다. 쌓여있는 물건들과 가게 주인의 바빠 보이는 모습을 보니 가게가 꽤 잘 되는 것처럼 보였다. 순간 나의 머릿속에서 번쩍하는 느낌이 들었다. 그리고 읍내의 거리를 빼놓지 않고 훑어보았다. 더는 컴퓨터 매장이 보이지 않았다. 교회에서 기도한 것이 바로 응답이 왔다는 생각이 들었다. 예전에 서울로 이사하기 전에 경기도 지역에서 컴퓨터 매장을 했던 적이 있었다. 중소메이커 컴퓨터 대리점을 하다가 본사의 부도로 문을 닫게 되었고, 그다음에는 잘 알지도 못하는 유통업에 손을 댔다가 망했던 것이다. 컴퓨터 일을 다시 해봐야겠다는 생각이 들었다. 가게를 얻을 돈이 없으니 출장만 다니면서 컴퓨터 수리를 하기로 마음먹었다. 즉시 집으로 가서 광고 문안을 작성해서 프린터로 뽑았다. 다시 읍내로 나가 문구점에서 1,000장을 복사하고 철물점에서 드라이버 등 컴퓨터 수리에 필요한 몇 가지 공구를 사고 나서, 대리운전 사무실에 전화해서 운전을 그만두겠다고 말했다. 노트북 가방에 컴퓨터 수리에 필요한 도구와 CD 상자, 그리고 복사해놓은 전단지를 넣을 수 있는 만큼 집어넣고, 집에서 가까운 곳부터 읍내의 아파트단지와 주택, 상가를 돌아다니며 전단지를 붙이기 시작했다. 핸드폰의 벨 소리가 울리기까지는 그리 많은 시간이 걸리지 않았다. 그때만 해도 스마트폰이 보급되지 않았을 때라서 사람들의 컴퓨터 사용이 지금보다는 훨씬 많았을 때였다. 식당, 부동산사무실, 학교, 농가 등에서 컴퓨터를 고쳐달라고 전화가 오기 시작했다. 정말 이제는 무섭고 더럽고 위험천만한 대리운전은 하지 않아도 된다는 것이 너무나도 기뻤다. 아내도 밤에 편히 잠을 잘 수 있겠다며 좋아했다.

– ○○리 ○○○번지 중국집인데요. 컴퓨터 좀 고쳐주세요.

이상한 일이었다. 거기까지는 전단지를 붙이지 않았는데 전화가 오다니. 아하, 먼저 수리를 받았거나 전단지를 본 사람이 소개를 했나 보구나! 중국집에 도착하니 전에 보았던 세 사람이 보였고, 영업을 마치는 시간인지 정리를 하는 것처럼 보였는데, 그 머리 짧은 여자는 또 한 잔 했는지 얼굴이 벌겋게 달아올라 있었다. 남자 두 사람은 그 식당의 동업자였고 친구 사이라고 했다. 컴퓨터가 있는 방으로 나를 안내했다. 컴퓨터는 바이러스와 악성코드에 감염되어 거의 작동하지 않는 증상이었다. 컴퓨터의 용도는 주로 게임을 하거나 야한 동영상을 보는 데 사용되는 것으로 보였기 때문에 모두 지우고 운영체제부터 프로그램을 모두 다시 설치하는 것이 좋겠다고 말했더니, 게임까지 다시 깔아달라고 했고 저장된 동영상은 지우지 말아 달라고 했다. 나는 그들이 원하는 대로 동영상을 모두 백업하고 나서, 게임까지 모두 재설치해 주었다. 꽤 많은 시간이 걸렸다. 그동안 식당의 한쪽 테이블에는 술판이 벌어졌다. 일을 마치고 수리비용을 받고 식당에서 나오려는데 그 여자가 나를 불러 세웠다. 술 한 잔 먹고 가라고 했다. 늦은 밤이고 운전을 해서 가야 했기 때문에 거절하려다가 나도 모르게 그 여자 옆으로 가서 앉았다. 호기심 때문이었다. 어떤 사람인지, 무슨 사연이 있는지 궁금했다. 술을 따라주더니 나에게 그들의 관계를 소개했다. 세 사람은 초등학교 동창으로 두 남자가 중국집을 차릴 때 그 여자가 많은 도움을 주었다고 했다. 한 남자는 돌아온 싱글이라고 했고, 또 한 남자는 아직도 총각이라고 했다. 여자는 초등학교까지 시골에서 다녔고, 중학생 이후에는 서울에서 살았으며, 한때는 많은 돈을 벌었던 적이 있었다고 했다. 그들은 나의 이야기도 듣고 싶어 했다. 나는 간략히 말했다. 여자의 이야기를 더 듣고 싶었기 때문이었다. 그러나 여자의 이야기는 더 들을 수가 없었다. 그녀는 테이블에 엎드려서 일어나지 못했다. 낮부터 계속 술을 먹었다고 했다. 두 남자는 택시를 불러서 여자와 나를 태워서 보냈다. 여자는 택시를 타고 가는 동안 계속 누군가에게 욕하는 잠꼬대를 했다. 또 흔들어서 깨워야 했다.

–아빠! 전화 왔어.

그 여자가 일찍 고꾸라지는 바람에 술을 많이 마시지는 않았는데, 오랜만에 마신 술이라서 그런지 전화 오는 소리도 못 듣고 늦잠을 잤다. 울리던 전화는 곧 끊어졌다. 냉수를 한 컵 들이켜고 나서 수신된 번호로 전화를 걸었다. 그 여자의 목소리였다. 프린터가 안 된다고 와서 봐달라고 했다. 지금 막 일어났으니 밥 먹고 천천히 가겠다고 했다. 아내가 끓이고 있는 콩나물국 냄새가 울렁거리는 나의 속을 유혹했다. 누구랑 술 마셨느냐고 아내가 물었다. 전날에 있었던 얘기를 그대로 해주었다.

–어제 교회에서 오다가 들었는데 이상한 소문이 있어. 그 여자가 교회에 들어온 헌금을 빼돌렸다던데.

내가 보기에는 그런 사람은 아닌 것 같다고 했다. 헛소문일 수 있으니 어디 가서 퍼트리지 말라고 했다. 그 여자의 집으로 가서 문을 두드렸다. 그녀는 반가운 표정으로 나를 맞았다. 집안으로 들어서니 입구부터 거실, 주방 바닥에는 온갖 빈 술병들이 널려 있었고 빈 상자 여러 개가 보였는데, 그 안에도 얼핏 보기에 빈 술병으로 가득 차 있는 것 같았다. 그녀는 나를 프린터가 있는 방으로 안내하고 간단히 증상을 얘기하더니 차를 내오려는지 주방에 나가 물을 끓이는 듯했다. 프린터를 점검해 보니 찢어진 종이가 끼어서 용지공급이 제대로 되지 않았던 것이다. 프린터의 뒤쪽 뚜껑을 열고 끼어있던 종잇조각들을 제거한 다음 뚜껑을 다시 닫았더니 이전에 실행해 놓았던 인쇄 작업이 자동으로 진행되었다. 그런데 인쇄되어 나온 종이의 내용을 보고 깜짝 놀라 갑자기 심장이 팔딱팔딱 뛰기 시작했다. '유서' 라는 제목이 붙은 내용의 문서를 재빨리 주머니에 구겨 넣고 테스트페이지 인쇄를 실행했다. 테스트페이지가 깔끔하게 잘 인쇄되어 나오자 그녀가 차를 가지고 들어오면서 보고 "벌써 고치셨어요? 역시 기술자이시네요."라며 칭찬을 아끼지 않았다. 나는 아직도 뛰는 가슴을 억누르며 태연한 척 차를 마셨다. 그녀는 무슨 생각이 들었는지 갑자기 컴퓨터를 끄더니 전날 중식당에 놓고 온 차를 가지러 같이 가자고 했다. 함께 택시를 타고 중식당에 가서 짬뽕을 한 그릇씩 먹고 나서, 나는 내 차를 몰고 컴퓨터 출장수리를 하러 갔다. 일하면서 왠지 자꾸만 불안한 생각이 들어서 일에 집중하기가 어려웠다. 한 군데 일을 마치고 나서 또 다른데 일이 있었지만 갈 수가 없다고 하고 서둘러 집으로 갔다. 아내와 함께 그 여자의 유서를 살펴보았다. '유서'라는 제목의 아래에는 이런 내용이 쓰여 있었다.

– 누구를 지켜주지도, 누구에게 보호받지도 못하는 세상은 나에게 바람일 뿐이었다. 잡을 수 없는 바람을 따라 나도 그만 바람이 되어 날아가고 싶다. 단지 내게는 남겨놓을 미련조차도 존재하지 않다는 것이 슬픈 일이다. 살얼음 위에서 아직도 내가 내려오지 못한다는 것은 슬픔보다 더 큰 고통이었다.

아내는 매우 놀라며 목사님께 가자고 했다. 우리는 유서를 들고 서둘러서 목사님이 있는 교회 사택으로 갔다. 목사님이 갑자기 무슨 일로 왔느냐고 했다. 유서를 건네주었다. 내용을 본 목사님이 즉시 전화를 걸었다. 전화를 받지 않는다고 하며 그녀의 집으로 가

보자고 했다. 그녀의 집에는 아무런 기척이 없었다. 중국집으로 전화를 걸었다. 점심때 나와 짬뽕을 먹고 차를 몰고 나갔는데 그 후로는 연락이 없었다고 했다. 목사님이 전화기를 떨어트리며 그 자리에 주저앉았다.

– 목사님, 일단 우리 집으로 가서 기다려 보고, 알 만한 사람들에게 연락을 취해 보는 것이 좋겠습니다.

목사님을 집으로 안내했다. 아내는 과일과 차를 준비했고, 목사님은 수첩을 뒤져가며 여기저기 전화를 해댔다. 그녀의 행방을 아는 사람은 나타나지 않았다. 나는 그녀에게 무슨 사연이 있느냐고 목사님에게 물었다.

–예전에 서울의 한 백화점이 무너졌던 일 알고 있지요? 내 동생은 그곳에서 옷가게를 했어요. 돈도 잘 벌고 있었고, 같은 백화점 안에서 사업체를 운영하는 잘 생기고 훌륭한 약혼자도 있었어요. 그런데 결혼식을 열흘 남기고 백화점이 갑자기 무너졌고, 동생은 죽어가는 약혼자를 보면서 구출되었어요. 그 후로 가지고 있던 많은 돈을 가족과 친구들에게 모두 나눠주고 어느 산골에서 십여 년을 은둔해서 살다가 이곳으로 온 지는 얼마 되지 않았어요. 내가 여기서 교회를 개척할 때 동생의 도움을 많이 받았어요. 그래서 동생에게 더 잘해주려고 했었는데, 내가 바쁘다는 이유로 동생을

제대로 보살피지 못했어요. 아, 하나님 아버지, 흑흑.

목사님은 말을 잇지 못하고 흐느끼기 시작했다. 아내와 나는 침울한 표정으로 아무 말 없이 목사님의 마음이 진정되기를 기다렸다.

– 내일까지 더 찾아보고 경찰에 신고하든지 해야겠어요. 미안해요, 이만 가볼게요.

목사님을 배웅하고 나서 나는 곧장 중식당으로 갔다. 이른 저녁 시간, 한창 바쁠 시간인데 식당 문이 닫혀있었다. 그녀를 찾아 나선 모양이었다. 집으로 돌아가서 나는 그날 밤새도록 잠을 이루지 못했다. 아내는 이른 새벽에 일어나 기도하러 갔다.

햇살이 점점 더 따사롭게 느껴지는 계절, 개울가에는 버들강아지들이 바람에 흔들리며 살얼음을 간지럽히고 틈새로 흐르는 시냇물의 웃음소리가 들려올 때면 살얼음에서 내려앉아 해맑게 터트리는 그녀의 웃음소리가 들려오는 듯하다. (끝)